너는 꿈을 어떻게 이룰래? 12

인생계획 세우기

리앙즈웬 지음 | 권혜영 옮김

한언

너는 꿈을 어떻게 이룰래? 12

인생계획 세우기

펴 냄	2007년 5월 25일 1판 1쇄 박음	2007년 6월 1일 1판 1쇄 펴냄
지은이	리앙즈웬(梁志援)
옮긴이	권혜영
펴낸이	김철종
펴낸곳	(주)한언
	등록번호 제1-128호 / 등록일자 1983. 9. 30
주 소	서울시 마포구 신수동 63-14 구 프라자 6층(우 121-854)
	TEL. 02-701-6616(대) / FAX. 02-701-4449
책임편집	김승규 sgkim@haneon.com
디자인	김신애 sakim@haneon.com
일러스트	김신애 sakim@haneon.com
홈페이지	www.haneon.com
e-mail	haneon@haneon.com

이 책의 무단전재 및 복제를 금합니다.
잘못 만들어진 책은 구입하신 서점에서 바꾸어 드립니다.

ISBN 978-89-5596-422-6 44320
ISBN 978-89-5596-329-8 44320(세트)

인생계획 세우기

꿈꾸는 아이들에게는
지식을 선물할 것이 아니라
지혜를 선물해야 합니다.

To

From

어린이들에게 지혜의 문을 열어주자

이 책은 왜 출간되었는가?

오늘날처럼 급변하는 시대에 전통적인 교육 시스템은 새로운 욕구를 만족시키지 못하는 경우가 많다. 일상생활에서 반드시 필요한 시간관리, 금전관리, 인간관계, 목표설정, 리더십, 문제해결 능력 등은 전통적인 교육방식으로는 배울 수 없는 것들이다. 《너는 꿈을 어떻게 이룰래?》시리즈는 바로 이러한 문제인식에서 출발하여 출간되었다. 이 시리즈는 동시대와 호흡하고 있는 여러 분야의 대가들의 지혜를 모델로 삼았으며, 그들의 사고방식(Thinking Model)을 재미있는 이야기로 엮었다. 또한 다양한 심리학적 지식을 참고하고 그 방법을 적용하여 학생들의 이해력을 돕고자 노력했다.

이 책은 누구를 위한 것인가?

이 책은 초등학교 4학년부터 중학교 3학년(약 9~15세) 학생들이 앞으로 인생을 살아가는 데 꼭 필요한 인성을 익힐 수 있도록 집필되었다. 만약 어린 학생이 이 책을 본다면 선생님과 부모님들은 그들의 이해 수준에 따라 적절한 설명을 곁들여야 효과가 클 것이다. 연습문제는 그대로 따라 풀 수 있도록 구성하였다. 물론 이 책은 성인들에게도 도움이 된다고 생각한다. 다만, 어린이들은 사물에 호기심이 많고 이해가 빠르기 때문에 사고방식 훈련에 더욱 좋은 효과가 있으리라 생각한다.

선생님과 부모님들은 이 책을 어떻게 활용해야 할까?

선생님과 부모님들은 먼저 지문의 요점을 이해한 다음, 아이들에게 설명하고 연습문제를 풀게 한다. 또 선생님과 부모님은 아이들의 인성교육에 있어 훌륭한 조언자이기 때문에 그들의 모범이 되어야 하며, 자신의 경험에 비추어 학생들과 함께 답안을 작성하고 느낀 점에 대해 토론해야 한다. 이 과정에서 학생들의 다양한 생각을 북돋워주고, 그 사고방식이 학생들의 생활에 소중한 가치관으로 자리 잡게 하며 이를 습관화하도록 도와준다. 그럼으로써 어른들은 자신의 삶을 되돌아볼 수 있고, 아이들의 인생은 보다 풍요롭고 행복해질 것이다.

이 책은 정답이 없다!

책 뒷부분에 제시된 답안은 학생들의 올바른 사고방식과 가치관 형성을 돕고자 하는 참고답안일 뿐 정답이 아니라는 점을 말해두고 싶다. 다양한 사고방식과 개인의 견해 차이를 인정해야 하기 때문이다. 참고답안에 얽매이기보다는 자유로운 토론과 사고를 통해 온전히 자신의 지혜로 만들기 바란다.

죽은 지식과 살아 있는 지혜

초등학교를 졸업할 때쯤 아이들의 신체조건, 지적 수준, 사고 능력은 거의 비슷하다고 할 수 있다. 그러나 오랜 세월이 지난 후 그 결과는 사뭇 다르다. 아마도 이러한 결과를 운의 몫으로 돌리는 사람도 있을 것이다. 어떤 사람들은 운이 따르지 않아서 성공할 수 없었고, 어떤 사람들은 운 좋게 귀인을 만나 성공했다고 생각할 수도 있다. 그렇다면 행운 외에 다른 이유는 없는 것일까? 한 학년의 학업을 마쳤다는 것은 학교에서 배운 지식과 능력이 다른 사람과 별 차이가 없다는 것을 의미한다. 그런데 왜 일부분의 사람들만 배운 지식을 자유자재로 활용할 수 있을까? 그것은 그들에게 또 다른 살아있는 지혜가 있기 때문이다.

지식사회에서 살고 있는 우리는 그 어느 때보다 지식에 대한 욕구가 간절하다. 우리는 반드시 이전보다 더 치열하게 학습하고 많은 시간을 투자해야 한다. 예를 들면 대학을 졸업하고 나서도 전공 관련 자격증을 취득하거나 앞으로 생계유지에 필요한 전문기술을 배워야 한다. 기초적인 전문기술이 우리의 경쟁력을 높여주고, 생계유지 차원에서 도움이 된다는 것은 의심할 여지가 없다. 그러나 이런 '죽은 지식'을 자유자재로 활용하려면 반드시 '산지식'을 자유자재로 활용할 수 있는 능력이 필요하다. 그렇다면 '산지식'을 활용할 수 있는 능력이란 무엇인가?

유명한 미래학자 존 나이스비트*John Naisbitt*는 지식사회에서 다음과 같은 네 가지 기능을 습득해야 한다고 말한다. 그것은 바로 공부하는 방법, 생각하는 방법, 창조하는 방법, 교제하는 방법이다.

같은 분야의 전문 자격증을 취득한 엔지니어 두 명이 있었다. 그중 A라는 사람은 공부하는 방법을 알고 있었기 때문에 급속하게 변화하는 시장의 요구에 맞춰 신제품 관련 지식을 파악할 수 있었고, 사람들과 교제하는 방법과 표현능력이 뛰어났기 때문에 더 많은 주문을 받을 수 있었다. 또한 창의적인 사고방식을 가지고 있어서 어려운 문제에 봉착했을 때 빠르고 쉽게 해결할 수 있었다. 그리고 과거를 반성하고 미래를 예측할 수 있는 혜안 덕분에 더욱 많은 기회를 잡을 수 있었다. 그러나 B라는 사람은 A처럼 그렇지 못했기 때문에 그에 비해 성공적인 삶을 살지 못했다.

죽은 지식과 산지식 사이에는 다음과 같은 차이점이 있다.

* 죽은 지식은 쉽게 시대에 뒤떨어지고 새로운 지식에 자리를 내주지만, 산지식은 평생 활용이 가능하다.
* 죽은 지식을 습득하는 데는 많은 시간이 필요하지만, 산지식은 짧은 시간 안에 쉽게 배울 수 있다. 그러나 산지식을 이해할 수도 인정할 수도 없는 사람들은 평생 걸려도 배우지 못한다.
* 죽은 지식은 일반적으로 학교에서 교과과정을 통해 배울 수 있지만, 산지식은 언제 어디서나 정해진 틀에 얽매이지 않고 배울 수 있다.
* 죽은 지식은 평가가 가능하지만, 산지식은 정확하게 평가하기가 어렵고 긴 시간이 지나야 그 결과를 통해 알 수 있다. 그러나 확실하게 산지식을 배울 수 있다면 그 효과는 굉장하다.

성공한 사람들의 공통점이 있다면 그들은 산지식의 소유자라는 것이다. 리앙즈웬 선생이 쓴 《너는 꿈을 어떻게 이룰래?》시리즈는 바로 세계적인 교육의 새로운 흐름에 따라 집필된 '산지식' 이라 하겠다. 이 시리즈는 지식사회가 요구하는 인재육성을 위한 훌륭한 교과서다. 이 책의 특징은 어려운 문장은 피하고, 간결하고 정확한 언어를 사용했다는 점이다. 연습문제를 통해 학생들이 쉽게 이해하고, 그

숨은 뜻을 바로 습득할 수 있도록 구성했다. 즉, 이 책에서 제기된 많은 지식들은 사람들이 평생 배워도 체계적으로 터득하기 어려운 산지식이라고 자신 있게 말할 수 있다. 아이들이 이 시리즈를 통해 평생 사는 데 도움이 되는 훌륭한 지혜들을 얻기 바란다.

–존 라우《너는 꿈을 어떻게 이룰래?》시리즈 고문

인생은 캔버스와 같아서 자신이 원하는 대로 오색찬란하게 마음껏 그릴 수 있습니다

사람들은 여행을 계획할 때 많은 시간을 투자합니다. 하지만 모든 사람들이 심혈을 기울여 인생을 계획하진 않습니다. 만약 자신의 인생을 스스로 계획하지 않는다고 생각해보세요. 그것은 마치 어디로 가는지 모르는 기차를 타는 것과도 같습니다. 결국 목적지에 도착하면 후회하게 되죠.

행복하고 성공적인 인생은 절대로 우연히 만들어지지 않습니다. 모든 사람들이 각자의 인생을 설계하는 건축가이며 아름다운 생활을 추구할 권리와 능력을 가지고 있어요. 그러므로 반드시 심혈을 기울여 인생을 계획하고 목표를 이루어야 합니다. 이 책은 바로 청소년들이 다음의 네 단계를 거쳐 자신에게 가장 적합하고 바람직한 위치를 찾게 하고 인생의 목표를 이루도록 안내할 것입니다. 그리고 이를 통해 인생이라는 머나먼 여행을 스스로 만들어갈 수 있을 것입니다.

1. 자신 알아가기 – 자신을 이해하기
2. 환경 알아가기 – 외부환경을 이해하기
3. 전략 세우기 – 자신의 위치 찾기
4. 효과적으로 실행하기 – 구체적인 행동방안 세우기

끝으로 청소년들이 이 책을 통해 인생에서 자신의 정확한 위치를 찾아 체계적으로 재능을 키우고 훌륭한 인재가 되어 의미 있는 인생을 살길 바랍니다.

차례

1 | 인생여행

성공이란 바로 자신이 원하는 대로 인생을 사는 것이다.

여러분은 앞으로 어떻게 살아야겠다고 생각한 적이 있나요? 또 사람들에게 주목받는 삶을 살 것인지 평범하고 평화로운 삶을 살 것인지 생각한 적 있나요? 이러한 질문의 답을 찾으려면 우선 자신을 알아야 해요. 사람들은 모두 자신만의 특징을 가지고 있어요. 그 특징이 무엇인지 알아야 자신에게 맞는 생활방식을 결정할 수 있고 '앞으로 어떻게 살아갈 것인가'도 결정할 수 있어요.

1 인생여행을 떠나며

여러분은 여행을 떠나본 적 있나요? 여행을 떠나려면 우선 안전하게 목적지에 도착하기 위해 미리 계획을 세우죠. 목적지가 정해진 다음에는 숙소, 교통수단을 알아본 다음 나침반, 지도, 여행안내서, 기본 생활용품과 충분한 돈을 준비하고 자신의 체력이 여행을 견딜 수 있는지도 생각해야 합니다. 인생도 시련과 도전으로 가득 차 있는 여행과 같습니다. 인생의 목적과 목표를 이루기 위해 미리 계획을 세워야 해요. 또 계획을 실천하는 과정을 하나하나 점검해야 합니다. 그래야만 우리는 인생의 목적과 목표를 이룰 수 있어요.

01 '앞으로 어떻게 살아갈 것인가'는 누가 결정하나요?

    ☐ 가. 부모님   ☐ 나. 자신

    ☐ 다. 친구   ☐ 라. 선생님

02 자신에게 맞는 생활방식은 누가 결정하나요?

    ☐ 가. 부모님   ☐ 나. 동생

    ☐ 다. 친구   ☐ 라. 자신

03 인생은 어떤 여행과 같나요?

    ☐ 가. 재미와 편안함으로 가득 찬 여행

    ☐ 나. 행운과 기회로 가득 찬 여행

    ☐ 다. 시련과 도전으로 가득 찬 여행

    ☐ 라. 성공과 기쁨으로 가득 찬 여행

04 여행을 어떻게 준비해야 하나요?

(정답을 모두 고르세요)

    ☐ 가. 화려한 옷을 준비한다.

    ☐ 나. 지도를 준비한다.

    ☐ 다. 숙소를 결정한다.

    ☐ 라. 기본 생활용품을 준비한다.

    ☐ 마. 충분한 돈을 준비한다.

    ☐ 바. 여행안내서를 준비한다.

    ☐ 사. 교통수단을 선택한다.

    ☐ 아. 귀중품을 챙겨간다.

    ☐ 자. 여행을 견딜 수 있는 체력이 있는지 생각해본다.

    ☐ 차. 나침반을 준비한다.

05 여행의 목적지는 인생의 무엇과도 같나요?

    ☐ 가. 식사와 간식   ☐ 나. 운동과 휴식

    ☐ 다. 배우과 감독   ☐ 라. 목적과 목표

06 인생을 어떻게 계획해야 할까요?

    ☐ 가. 지도를 준비한다.

    ☐ 나. 과정을 하나하나 생각해본다.

    ☐ 다. 나침반을 준비한다.

    ☐ 라. 충분한 돈을 준비한다.

2 내가 꿈꾸는 생활방식

사람들은 모두 자신이 꿈꾸는 생활방식이 있어요. 직업, 여가활동, 사회적 지위, 수입, 생활환경, 친구 등을 하나하나 따져봐야 해요. 아래의 표를 채우면서 자신이 꿈꾸는 생활방식을 발견하고 미래를 계획해보세요.

자신에게 맞는 칸에 V 표시를 하세요.

생활방식	중요하지 않다	조금 중요하다	중요하다	매우 중요하다
자신의 능력을 발휘할 수 있는 직업	☐	☐	☐	☐
자신이 좋아하는 직업	☐	☐	☐	☐
자유롭고 독립적인 직업	☐	☐	☐	☐
힘들지 않은 직업	☐	☐	☐	☐
남들이 부러워하는 사회적 지위	☐	☐	☐	☐
돈을 많이 벌 수 있는 직업	☐	☐	☐	☐
안정적인 직업	☐	☐	☐	☐
도전할 기회가 많은 직업	☐	☐	☐	☐
유명인사가 될 수 있는 기회	☐	☐	☐	☐
세계를 여행하는 것	☐	☐	☐	☐

넓고 쾌적한 집	☐	☐	☐	☐
조용한 주변 환경	☐	☐	☐	☐
부모님과 함께 사는 것	☐	☐	☐	☐
알맞은 운동	☐	☐	☐	☐
화목한 가정	☐	☐	☐	☐
가족들과의 대화시간	☐	☐	☐	☐
종교활동	☐	☐	☐	☐
자신만의 공간	☐	☐	☐	☐
봉사활동	☐	☐	☐	☐
친구와 사이좋게 지내기	☐	☐	☐	☐
자동차 사기	☐	☐	☐	☐
자신의 능력계발	☐	☐	☐	☐
취미활동	☐	☐	☐	☐
적당한 휴식과 오락	☐	☐	☐	☐
한 분야의 전문가 되기	☐	☐	☐	☐

3 인생에서의 역할

우리는 살아가면서 여러 가지 역할을 맡습니다. 집에서는 '아들과 딸'의 역할을, 사회에서는 '시민'의 역할을, 학교에서는 '학생'의 역할을 맡죠. 인생을 연극이라고 생각한다면 그 안에서 배우, 감독, 작가의 역할을 맡아 연극을 하는 것과 비슷해요. 따라서 연극의 성공은 각각의 역할을 얼마나 잘 수행하느냐에 달려 있어요. 자신의 역할을 대신 맡아줄 사람은 없기 때문에 각자 맡은 역할에 최선을 다해야 해요.

아래의 명단에서 자신이 현재와 미래에 수행해야 할 역할을 찾고 각 역할을 통해 자신이 이루어야 할 목적은 무엇인지 쓰세요.

예 역할→아버지
목적→자녀가 자신의 재능을 발견하고 어려움을 극복할 수 있도록 도와준다.

아들	딸	동생	언니
오빠	선생님	아버지	어머니
손자	손녀	할머니	할아버지
이웃	시민	친구	자원봉사자
종교인	회사동료	회사사장	회사직원

역할 → _____

목적 → _____

역할 → _____

목적 → _____

역할 → _____

목적 → _____

역할 → _____

목적 → _____

역할 → _____

목적 → _____

4 나의 생명선

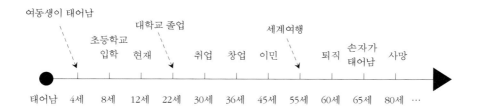

지금부터 자신의 생명선을 그리는 시간을 가질 거예요. 조용한 곳에 혼자 앉아 아래의 지시를 따라하세요.

- 종이 한 장을 준비하고 종이에 수평선을 그으세요. 이것은 당신의 생명선입니다.
- 이 선의 가장 왼쪽에 점을 하나 그리고 자신이 태어났음을 표시하세요. 선의 가장 오른쪽에는 자신의 예상수명을 적어보세요.
- 선의 적당한 지점에 오늘 날짜와 자신의 나이를 표시하고 현재라고 적으세요.
- 현재를 표시한 곳의 왼쪽 부분은 자신의 과거입니다. 지금까지 일어났던 중요한 사건들을 표시하세요.
- 현재를 표시한 곳의 오른쪽 부분은 자신의 미래입니다. 앞으로 꼭 하고 싶은 일들을 표시하고 구체적인 시간을 적으세요.
- 앞으로 반드시 일어나게 될 일들도 생명선에 표시하세요(결혼, 퇴직 등).

이제 여러분의 생명선이 완성됐어요. 이 종이는 인생의 설계도가 될 거예요. 앞으로 이 생명선을 잘 보관했다가 한 번씩 꺼내보고 자신이 설계한 대로 살고 있는지 점검하세요.

 제1과 학습 포인트

✓ 인생은 시련과 도전으로 가득 찬 여행과 같기 때문에 미리 계획을 세워야 한다.
✓ 사람들은 모두 자신이 꿈꾸는 생활방식이 있다.
✓ 인생을 연극이라고 생각한다면 그 안에서 배우, 감독, 작가의 역할을 맡아 연극을 하는 것이다. 따라서 연극의 성공은 각각의 역할을 얼마나 잘 수행하느냐에 달려 있다.
✓ 생명선은 우리 인생의 설계도이므로 한 번씩 꺼내보고 점검해야 한다.

2 인생계획이란

지나간 시간은 돌아오지 않지만 미리 계획한다면 인생을 변화시킬 수 있다. 인생을 설계하는 것은 바로 자신이다.

건축가는 건물을 짓기 전에 설계도를 준비하고 영화감독은 영화를 찍기 전에 대본을 준비합니다. 기업가도 미래의 사업을 위해 운영계획을 세웁니다. 이처럼 인생에도 계획이 필요해요. 만약 계획 없이 산다면 어디로 가는지도 모르고 기차를 타는 것과 같습니다. 결국 자신이 원하지 않은 곳에 도착하고 말 거예요.

1 인생계획하기

어떤 사람은 성공하는 인생을 살고 또 어떤 사람은 실패하는 인생을 사는 이유는 무엇일까요? 성공한 사람 중에는 처음부터 좋은 환경에서 인생을 시작한 사람도 있지만 어려운 환경에서 시작하는 사람도 많습니다. 성공은 운에 의해 결정되지 않아요. 철저히 계획해야만 성공할 수 있어요. 그러면 인생계획은 어떻게 세우는 것일까요?

인생은 아주 긴 마라톤과 같습니다. '인생을 계획한다'는 의미는 자신의 미래에 대해 깊게 생각하고 계획을 세워 그것에 맞게 준비하는 것입니다. 사람들은 모두 자신만의 특징을 가지고 있기 때문에 인생계획도 모두 다릅니다. 자신에게 맞는 인생계획을 세우려면 초등학교 때부터 자신을 깊이 이해할 줄 알아야 해요. 또 자신을 둘러싸고 있는 외부환경이 빠르게 변한다는 것도 알아야 해요. 그래야만 그 변화에 맞춰 자신의 인생계획을 계속 바꿔나갈 수 있습니다.

01 영화감독은 영화를 찍기 전에 무엇을 준비하나요?

　　□ 가. 대본　　　　　　□ 나. 설계도

　　□ 다. 식단　　　　　　□ 라. 악보

02 건축가는 건물을 짓기 전에 무엇을 준비하나요?

　　□ 가. 작업복　　　　　□ 나. 휴식처

　　□ 다. 설계도　　　　　□ 라. 작업도구

03 어디로 가는지도 모르면서 기차에 오른다면 어떻게 될까요?

　　□ 가. 꿈속에서 바라던 곳에 도착한다.

　　□ 나. 한 번 보면 잊을 수 없는 곳에 도착한다.

　　□ 다. 편안히 쉴 수 있는 곳에 도착한다.

　　□ 라. 원하지 않은 곳에 도착한다.

04 인생의 성공은 무엇에 의해 결정되나요?

　　□ 가. 철저한 계획　　　□ 나. 운

　　□ 다. 엉뚱한 생각　　　□ 라. 친구의 도움

05 인생은 어떤 운동과 같나요?

　　□ 가. 마라톤　　　　　□ 나. 줄넘기

　　□ 다. 축구　　　　　　□ 라. 야구

06 언제부터 자신에게 맞는 인생의 길을 선택해야 하나요?

　　□ 가. 초등학교 때부터　　　□ 나. 중학교 때부터

　　□ 다. 고등학교 때부터　　　□ 나. 대학교 때부터

07 '인생을 계획한다'는 의미는 무엇인가요?

  ☐ 가. 미래를 무시하고 현재를 즐기는 것이다.

  ☐ 나. 과거에 집착하는 것이다.

  ☐ 다. 미래에 대해 깊이 생각하고 계획을 세워 준비하는 것이다.

  ☐ 라. 세계 여행을 떠나는 것이다.

08 사람들의 인생계획이 모두 다른 이유는 무엇인가요?

  ☐ 가. 사람들의 생각이 모두 비슷하기 때문에

  ☐ 나. 사람들이 자신만의 특징을 가지고 있기 때문에

  ☐ 다. 나라에서 모든 사람의 인생계획을 세워주기 때문에

  ☐ 라. 각자의 부모님이 인생계획을 세워주기 때문에

09 외부환경은 어떤 특성이 있나요?

  ☐ 가. 한 번 정해지면 변하지 않는다.　　☐ 나. 답답하다.

  ☐ 다. 빠르게 변한다.　　☐ 라. 재미있다.

10 인생계획을 세울 때 외부환경의 변화에 어떻게 대응해야 할까요?

  ☐ 가. 외부환경이 변하는 것은 신경 쓰지 않는다.

  ☐ 나. 변화에 맞춰 자신의 인생계획을 계속 바꿔나간다.

  ☐ 다. 다른 곳으로 이사를 간다.

  ☐ 라. 집 밖으로 나가지 않는다.

2 일과 인생

  사람들은 인생의 대부분을 일하면서 보내요. 만약 수명이 80세인 사람이 20세에
일하기 시작해서 60세에 퇴직한다면 인생의 반인 40년을 일하는 것이 됩니다. 그러
므로 세상의 수많은 일 가운데 자신에게 맞는 일을 찾는 것이 인생에서 가장 중요

합니다. 일은 미래의 행복, 생활방식, 소득, 건강, 가정생활 등에도 큰 영향을 미쳐요. 또 일을 통해서 자신의 능력을 발휘하고 목표를 달성하며 즐거움을 느낄 수 있습니다. 넓은 의미에서 일을 가지는 것은 사회에 대한 공헌이기도 해요.

만약 일하지 않는다면 인생은 의미가 없어질 것입니다. 그런 의미에서 '인생을 계획한다'는 것은 자신이 평생 하고 싶은 일을 찾는 것이기도 해요. 하고 싶은 일을 찾은 사람은 책임감을 갖고 일하며 자신의 분야에서 최고가 되려고 노력하게 됩니다.

01 사람들은 인생의 대부분을 무엇을 하면서 보낼까요?

☐ 가. TV시청 ☐ 나. 일

☐ 다. 장난 ☐ 라. 식사

02 다음 중 미래의 행복에 큰 영향을 주는 것은 무엇인가요?

☐ 가. 학교 ☐ 나. 집

☐ 다. 자동차 ☐ 라. 직업

03 다음 중 일에 대한 설명으로 옳은 것은 무엇인가요? (정답을 모두 고르세요)

☐ 가. 미래의 생활방식에 영향을 미친다.

☐ 나. 미래의 건강에 영향을 미친다.

☐ 다. 미래의 가정생활에 영향을 미친다.

☐ 라. 일을 통해 자신의 능력을 발휘할 수 있다.

☐ 마. 일을 통해 자신의 목표를 달성할 수 있다.

☐ 바. 일을 통해 즐거움을 느낄 수 있다.

☐ 사. 일을 통해 사회에 공헌할 수 있다.

04 하고 싶은 일을 찾은 사람은 어떤 특징이 있나요?(정답을 모두 고르세요)

☐ 가. 쉽게 끝낼 수 있는 일도 질질 끈다.

☐ 나. 책임감을 갖고 일한다.

☐ 다. 자신의 분야에서 최고가 되려고 노력한다.

☐ 라. 자신의 일을 다른 사람에게 떠맡긴다.

☐ 마. 일을 즐긴다.

☐ 바. 적극적으로 일한다.

☐ 사. 진지하게 모든 일을 처리한다.

05 '인생을 계획한다'는 의미는 무엇과도 같은가요?

☐ 가. 자신이 먹고 싶은 음식을 찾는 것

☐ 나. 자신의 잃어버린 지갑을 찾는 것

☐ 다. 자신이 하고 싶은 일을 찾는 것

☐ 라. 자신의 장난감을 찾는 것

3 성공의 원리

미국의 한 유명한 컨설팅 회사에서는 다양한 업계의 최고 인재들을 조사하고 연구했습니다. 그리고 그 인재들에게서 세 가지 공통점을 발견했습니다. 첫째, 그들은 재능(Talent)을 충분히 발휘했어요. 둘째, 그들이 속한 집단(Organization)은 자신이 발전하기에 적합했어요. 셋째, 그들은 자신의 일에 충분한 열정(Passions)을 가지고 있었어요. 즉, 한 사람의 재능과 그가 속한 조직, 그가 가진 열정이 뭉쳐질 때 사업은 성공할 수 있다는 것입니다.

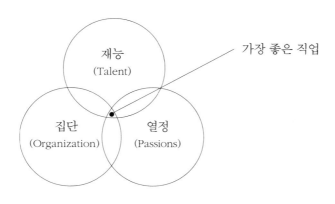

01 재능, 집단, 열정이 잘 어우러진 일을 하는 사람들의 결과는 어떤가요?

☐ 가. 보통이다.　　　☐ 나. 평범하다.

☐ 다. 뛰어나다.　　　☐ 라. 예사롭다.

02 일에 열정이 있다는 의미는 무엇인가요?

☐ 가. 자신의 일에 매우 흥미가 있다.

☐ 나. 자신의 일을 남이 해주길 바란다.

☐ 다. 다른 사람의 성공에만 관심이 있다.

☐ 라. 나 혼자만 성공하면 된다고 생각한다.

03 자신이 속한 집단이 자신의 발전에 적합하다는 의미는 무엇인가요?

☐ 가. 자신의 재능, 흥미, 성격 등과 조직이 잘 어우러진다.

☐ 나. 집단에 있는 사람들과 친하게 지낸다.

☐ 다. 나의 성공과 집단의 성공은 다른 문제다.

☐ 라. 집단이 성공해야 내가 성공할 수 있다.

04 위의 조사는 어떤 원리를 설명하고 있나요?

☐ 가. 재능과 열정만 있으면 어떤 집단에서든 성공할 수 있다.

☐ 나. 자신의 재능과 집단이 잘 맞지 않아도 성공할 수 있다.

☐ 다. 자신의 재능을 충분히 이용하고 자신의 일을 진심으로 좋아하는 사람만
이 성공할 수 있다.

☐ 라. 재능, 집단, 열정은 성공의 필수조건이 아니다.

4 인생의 사계절

살아 있는 것은 모두 생명주기가 있습니다. 생명주기란 태어남, 성장, 유지, 쇠퇴
를 거쳐 마지막으로 죽음에 이르는 자연의 법칙입니다. 벼농사의 예를 들면, 봄에

볍씨를 뿌리고 그 다음 모내기하고 여름에 벼가 한껏 자라며 가을에 추수해서 겨울에 창고에 저장하죠. 사람의 인생도 주기가 있습니다. 사람도 다른 생명들처럼 자연의 법칙에 따라 살아갑니다.

01 다음 중 생명주기가 옳은 것은 무엇인가요?

□ 가. 태어남 → 쇠퇴 → 성장 → 유지 → 죽음

□ 나. 태어남 → 성장 → 유지 → 죽음 → 쇠퇴

□ 다. 태어남 → 쇠퇴 → 유지 → 성장 → 죽음

□ 라. 태어남 → 성장 → 유지 → 쇠퇴 → 죽음

02 인생의 생명주기를 나타내는 것은 무엇인가요?

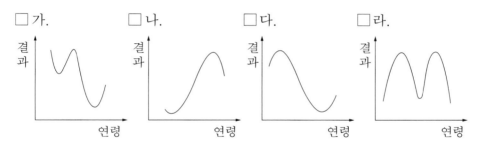

03 다음 중 벼의 생명주기가 옳은 것은 무엇인가요?

□ 가. 저장 → 추수 → 모내기 → 씨앗 뿌리기

□ 나. 씨앗 뿌리기 → 추수 → 모내기 → 저장

□ 다. 씨앗 뿌리기 → 모내기 → 추수 → 저장

□ 라. 모내기 → 씨앗 뿌리기 → 추수 → 저장

04 식물의 씨앗은 겨울동안 토양에서 힘을 키우고 봄에 싹을 틔웁니다. 이것은 인생의 어느 단계와 같나요?

□ 가. 꿈을 이루기 위해 공부한다.　　□ 나. 휴식을 즐긴다.

□ 다. 현재의 성공을 유지한다.　　□ 라. 자신의 잘못을 반성한다.

05 식물은 봄에 여린 잎이 나기 시작하고 잎이 계속 자랍니다. 이것은 인생의 어느 단계와 같나요?

☐ 가. 여가를 즐긴다.

☐ 나. 충분한 휴식을 취한다.

☐ 다. 자신의 결과를 평가한다.

☐ 라. 재능을 갈고 닦는다.

06 식물은 여름에 아름다운 꽃을 피웁니다. 이것은 인생의 어느 단계와 같나요?

☐ 가. 목표를 달성하기 위해 계속 목표를 바꾼다.

☐ 나. 목표를 달성하기 위해 현재의 나쁜 상황을 불평한다.

☐ 다. 목표를 달성하기 위해 계속 분발하며 나아간다.

☐ 라. 목표를 달성하기 위해 현재에 머문다.

07 식물은 가을에 열매를 맺습니다. 이것은 인생의 어느 단계와 같나요?

☐ 가. 열심히 재능을 갈고 닦는 것

☐ 나. 휴식을 취하는 것

☐ 다. 인생을 계획하는 것

☐ 라. 결과를 얻는 것

08 자연의 법칙을 어떻게 대해야 할까요?

☐ 가. 받아들인다.　　　　☐ 나. 무시해도 된다.

☐ 다. 신경 쓰지 않는다.　☐ 라. 무조건 떠받든다.

09 만약 당근의 씨앗을 뿌리면 무엇이 자라나요?

☐ 가. 고구마　　　　☐ 나. 당근

☐ 다. 감자　　　　☐ 라. 호박

5 '인생을 계획한다'는 것은 무엇인가

만약 의미 있고 기쁘게 살기를 원하고, 일하면서 재능을 키우고, 만족할 만한 수입을 올리길 바란다면 어떻게 해야 할까요? 자신의 장점은 살리고 외부환경에 맞춰 좋은 사회적 위치를 차지해야 합니다. 인생을 계획한다는 것이 아주 어려운 일 같지만 알고 보면 간단해요. 〈손자병법〉의 '상대를 알고 나를 알면 백 번을 싸워도 위태롭지 않다'라는 말에 따라 계획을 세우면 됩니다. 특히 자신을 아는 일이 가장 중요합니다. 인생이라는 전쟁터에서 승리하려면 상대방과 나의 상황을 깊이 이해하고 체계적으로 자신의 재능을 길러야만 우수한 인재가 될 수 있고 의미 있는 인생을 살 수 있기 때문이에요. 일반적으로 '인생을 계획한다'는 것은 아래의 네 단계를 따릅니다.

01 인생을 계획하는 원리는 손자병법의 어떤 말에 따른 것인가요?

 ☐ 가. 성공을 알고 실패를 알면 백 번을 싸워도 위태롭지 않다.

 ☐ 나. 위를 알고 아래를 알면 백 번을 싸워도 위태롭지 않다.

 ☐ 다. 상대를 알고 나를 알면 백 번을 싸워도 위태롭지 않다.

 ☐ 라. 어른을 알고 아이를 알면 백 번을 싸워도 위태롭지 않다.

02 인생을 계획하는 네 단계 중에서 가장 중요한 것은 무엇인가요?

 ☐ 가. 자신 알아가기 ☐ 나. 환경 알아가기

 ☐ 다. 전략 세우기 ☐ 라. 효과적으로 실행하기

03 자신의 어떤 특징을 알아야 인생을 계획하는 데 도움이 될까요?

(정답을 모두 고르세요)

☐ 가. 성격

☐ 나. 취미

☐ 다. 장점

☐ 라. 목적

☐ 마. 혈액형

☐ 바. 유전자

☐ 사. 가치관

☐ 아. 재능

04 어떤 외부환경을 알아야 인생을 계획하는 데 도움이 될까요?

☐ 가. 과학발전의 정도

☐ 나. 사회와 경제의 발전 정도

☐ 다. 사회의 흐름

☐ 라. 경쟁하는 사람들의 장점

☐ 마. 미래의 발전 가능성

☐ 바. 직업의 현황

☐ 사. 인구의 현황

☐ 아. 사회의 분위기

05 '전략'은 무엇인가요?

☐ 가. 경쟁상대들 사이에서 약한 사람으로 인정받는 방법

☐ 나. 경쟁상대들 사이에서 멋있는 사람으로 인정받는 방법

☐ 다. 경쟁상대들 사이에서 우위를 차지하는 방법

☐ 라. 경쟁상대들 사이에서 열세를 차지하는 방법

06 인생을 계획하는 네 단계는 무엇인가요?

☐ 가. 환경 알아가기 → 자신 알아가기 → 효과적으로 실행하기 → 전략 세우기

☐ 나. 자신 알아가기 → 환경 알아가기 → 전략 세우기 → 효과적으로 실행하기

☐ 다. 자신 알아가기 → 환경 알아가기 → 효과적으로 실행하기 → 전략 세우기

☐ 라. 환경 알아가기 → 자신 알아가기 → 전략 세우기 → 효과적으로 실행하기

 제 2과 학습 포인트

✓ 인생을 계획하는 것은 바로 미래를 준비하는 것이다.

✓ 직업을 선택하는 것은 자신의 인생에서 가장 중요한 결정이다.

✓ 자신의 재능을 충분히 발휘하고 자신의 일을 진심으로 좋아하는 사람 만이 성공할 수 있다.

✓ 자연의 생명주기 : 태어남, 성장, 유지, 쇠퇴, 죽음

✓ 자신이 뿌린 대로 거둔다.

✓ 인생을 계획하는 네 단계

자신 알아가기 → 환경 알아가기 → 전략 세우기 → 효과적으로 실행 하기

자신 알아가기-나의 특기(1)

인생에서 가장 슬픈 것은 능력의 부족이 아니라
인생을 다 살지 못한 자신의 재능이 있다는 것이다.

−벤자민 프랭클린

사람들은 모두 타고난 능력과 재능이 있지만 잘 알지 못해요. 그러한 능력과 재능은
인생을 살면서 발견하게 되요. 하지만 대부분의 사람들은 자신의 잠재능력이 꽃을 피
우고 열매도 맺기 전에 시들어버리고 말아요. 많은 전문가들은 일반적인 사람들이 단
지 3% 정도의 잠재능력만 발휘한다고 말해요. 만약 4% 정도만 발휘해도 천재가 될 수
있을 정도로 사람들의 잠재능력은 무한하다고 합니다.

1 나의 재능은 반드시 쓸모가 있다

프랑스에 한 소년이 살고 있었어요. 집안이
가난해지자 아버지의 친구를 찾아가 일자리
가 있냐고 물어봤답니다.

"너는 뭘 잘하니?"

소년은 한 마디도 할 수 없었어요.

"수학은 잘하니?"

"아니오."

"그럼 회계나 영어는? 법률은?"

아버지의 친구는 계속 물었지만 소년은 대답하지 못했어요. 너무 부끄러워서 고
개만 숙이고 있었죠.

"그래, 됐다. 네 이름과 주소를 적어주렴. 연락을 주마."

소년은 자신의 이름과 주소를 적어서 아버지 친구에게 드렸어요.

"글씨를 정말 잘 쓰는군! 이것이 바로 너의 장점이야"

이 소년이 바로 19세기 프랑스의 유명한 작가 알렉산드르 뒤마랍니다.

01 소년은 처음에 자신을 어떻게 생각했나요?

□ 가. 소설을 쓰고 싶다.

□ 나. 아버지가 원망스럽다.

□ 다. 잘하는 것이 하나도 없다.

□ 라. 일자리를 쉽게 구할 수 있을 것이다.

02 아버지의 친구는 소년의 어떤 장점을 발견했나요?

□ 가. 시를 잘 쓴다.

□ 나. 그림을 잘 그린다.

□ 다. 노래를 잘 부른다.

□ 라. 글씨를 잘 쓴다.

03 이 이야기에서 무엇을 깨달았나요?

□ 가. 사람들은 모두 프랑스에서 살아야 한다.

□ 나. 사람들은 모두 일자리를 찾아야 한다.

□ 다. 사람들은 모두 장점이 있다.

□ 라. 사람들은 모두 글씨를 잘 써야 한다.

2 특기란 무엇인가

특기란 남들보다 뛰어나고 꾸준히 잘할 수 있는 기술이나 재능을 말해요. 특히 최고의 경지에 오른 것을 말해요. 특기는 타고난 재능과 지식, 기술로 이루어진답니다. 뛰어난 피아니스트, 건축가, 운동선수, 화가들에게는 모두 타고난 재능이 있어요. 즉 타고난 신체조건이나 지능으로 어떤 일을 특히 잘하는 것이죠. 튼튼한 다리, 예민한 귀, 아름다운 목소리, 사람을 기억하는 능력, 날카로운 사고력 같은 것들 말이에요. 하지만 타고난 재능이 있다고 해서 훈련하지 않아도 특기가 되는 것은 아니랍니다. 다만 남들보다 학습 속도가 빠르고 쉽게 요령을 터득하며 더 집중할 수 있는 장점이 있죠. 예를 들어 물건을 잘 파는 것은 하나의 특기이지만 반드시 타고난 재능, 상품에 대한 지식, 판매기술이 함께 어우러져야 해요. 타고난 재능은 주어지는 것이고 지식과 기술은 학습과 훈련을 통해서 얻을 수 있어요. 즉 다른 사람과 가깝게 지내거나 좋은 관계를 맺는 타고난 재능이 부족하면 상품에 대한 풍부한 지식과 숙달된 판매기술(후천적인 노력)이 있어도 최고의 경지에 도달할 수 없습니다.

01 특기란 무엇인가요?

☐ 가. 꾸준히 잘하지는 못하지만 가끔 최고의 경지에 다다른 것을 말한다.

☐ 나. 남들과 비슷한 수준의 기술을 말한다.

☐ 다. 남들보다 꾸준히 잘하고 최고의 경지에 다다른 것을 말한다.

☐ 라. 남들보다 부족한 수준의 외모를 말한다.

02 특기를 구성하는 3대 요소는 무엇인가요?

☐ 가. 타고난 재능, 체력, 기술

☐ 나. 재산, 지혜, 기술

☐ 다. 타고난 재능, 지식, 기술

☐ 라. 타고난 재능, 지혜, 외모

03 타고난 재능은 무엇인가요?

☐ 가. 타고난 지능이 다른 사람들과 비슷한 것

☐ 나. 타고난 신체조건이 약하여 다른 사람의 도움을 받는 것

☐ 다. 타고난 신체조건이나 지능으로 어떤 일을 남들보다 잘하는 것

☐ 라. 타고난 성격과 외모로 다른 사람들의 인기를 얻는 것

04 타고난 재능의 장점은 무엇인가요?

☐ 가. 남들보다 학습속도는 느리지만 쉽게 요령을 터득하고 비교적 집중을 잘 한다.

☐ 나. 남들보다 학습방법이 특별하지만 쉽게 요령을 터득하거 제멋대로다.

☐ 다. 남들보다 학습속도가 비교적 빠르고 쉽게 요령을 터득하고 집중을 잘 한다.

☐ 라. 남들보다 학습속도는 느리고 어렵게 요령을 터득하며 집중을 잘 못한다.

05 타고난 재능과 무엇이 합쳐져야 자신의 재능을 드러낼 수 있나요?

☐ 가. 끊임없는 노력

☐ 나. 한 번의 노력

☐ 다. 타고난 노력

☐ 라. 타고난 지식

06 다음 중 자동차 운전은 어떤 능력인가요?

☐ 가. 특기   ☐ 나. 타고난 재능

☐ 다. 지식   ☐ 라. 기술

07 한 상품의 특징을 아는 것은 어떤 능력인가요?

☐ 가. 특기   ☐ 나. 타고난 재능

☐ 다. 지식   ☐ 라. 기술

08 사람과의 관계를 잘 이끄는 것은 어떤 능력인가요?

☐ 가. 특기   ☐ 나. 타고난 재능

☐ 다. 지식   ☐ 라. 기술

09 지식과 기술의 특징은 무엇인가요?

☐ 가. 발견과 이해를 통해서 얻을 수 있다.

☐ 나. 경험과 양보를 통해서 얻을 수 있다.

☐ 다. 학습과 훈련을 통해서 얻을 수 있다.

☐ 라. 다른 사람을 흉내냄으로써 얻을 수 있다.

10 타고난 재능, 지식, 기술이 합쳐지면 어떤 결과를 이룰 수 있나요?

☐ 가. 어떤 결과도 이룰 수 없다.

☐ 나. 평범한 결과

☐ 다. 탁월한 결과

☐ 라. 일반적 결과

11 어떤 사람이 성실하게 일하고 훈련을 거듭하지만 타고난 재능이 부족하다면 어떤 결과를 낳을까요?

☐ 가. 최상의 결과를 얻을 것이다.

☐ 나. 남들보다 뛰어날 것이다.

☐ 다. 시간을 낭비하고 만다.

☐ 라. 더욱 실력이 좋아진다.

3 타고난 재능과 일

작가는 말과 글을 잘 다룰 수 있어야 하고, 작곡가는 음악에 타고난 재능이 있어야 합니다. 어떤 직업이든 최고의 경지에 오르려면 자신의 타고난 재능을 찾아야 하는 것이죠. 타고난 재능은 신의 선물이라 할 수 있어요. 하지만 재능을 갈고 닦는 노력을 기울여야만 자신만의 독특한 재능으로 만들 수 있어요. 아무리 뛰어난 운동선수라도 반드시 힘든 훈련을 통해서만 1등이 될 수 있는 것처럼 말이죠.

01 남들보다 뛰어난 말재주를 가진 연설가가 사용하는 훌륭한 표현은 어떤 재능과 관련있나요?

☐ 가. 연설문을 외우는 능력이 뛰어나다.

☐ 나. 재미있는 말도 재미없게 말한다.

☐ 다. 청중의 반응을 읽어 더 나은 단어를 선택한다.

☐ 라. 청중이 원하는 노래를 부른다.

02 뛰어난 비행기 조종사의 타고난 재능은 무엇인가요?

☐ 가. 오래 달릴 수 있는 지구력

☐ 나. 냉정을 잃지 않는 사고력

☐ 다. 누구도 가지 않는 길을 가는 모험심

☐ 라. 창의적인 사고력

03 만약 여러분이 다른 사람들에게 인기가 좋다면 어떤 타고난 재능을 가진 것 인가요?

☐ 가. 남들과 친밀해지는 능력

☐ 나. 경쟁에서 반드시 이기는 능력

☐ 다. 사람들 사이에서 튀지 않는 능력

☐ 라. 남들보다 공부를 잘하는 능력

04 우수한 의사의 타고난 재능은 무엇인가요?

☐ 가. 다른 사람의 관심을 끄는 데 집중한다.

☐ 나. 문제를 발견하는 데 집중한다.

☐ 다. 다른 사람을 이해하는 데 집중한다.

☐ 라. 질병을 치료하는 데 집중한다.

05 뛰어난 무용가의 타고난 재능은 무엇인가요?

☐ 가. 논리적으로 말하는 능력

☐ 나. 우수한 음악감각

☐ 다. 뛰어난 사고력

☐ 라. 우수한 신체활동 능력

06 우수한 건축가의 타고난 재능은 무엇인가요?

☐ 가. 시각을 정확하게 표현하는 능력

☐ 나. 청각을 정확하게 표현하는 능력

☐ 다. 후각을 정확하게 표현하는 능력

☐ 라. 촉각을 정확하게 표현하는 능력

07 성공한 수학자의 타고난 재능은 무엇인가요?

☐ 가. 컴퓨터 사용능력

☐ 나. 논리적으로 생각하는 능력

☐ 다. 아름다운 색깔을 표현하는 능력

☐ 라. 책임감

08 해양학자의 타고난 재능은 무엇인가요?

☐ 가. 다른 사람과 이야기를 잘한다.

☐ 나. 동물에 많은 관심을 가지고 있다.

☐ 다. 경제를 분석하는 능력이 뛰어나다.

☐ 라. 자연을 관찰하는 능력이 뛰어나다.

09 뛰어난 소설가의 타고난 재능은 무엇인가요?

☐ 가. 연필을 잘 사용한다.

☐ 나. 글을 잘 다룬다.

□ 다. 그림을 잘 그린다.

□ 라. 노래를 잘 부른다.

10 훌륭한 간호사의 타고난 재능은 무엇인가요?

□ 가. 다른 사람을 잘 가르친다.

□ 나. 다른 사람을 잘 보살핀다.

□ 다. 다른 사람을 잘 이해한다.

□ 라. 다툰 사람들을 잘 타이른다.

11 성공한 기업가의 타고난 재능은 무엇인가요?

□ 가. 전체적인 계획을 세우는 능력

□ 나. 당장의 이익만 챙기는 능력

□ 다. 남들보다 뛰어난 체력

□ 라. 직원들의 말을 의심하는 능력

12 판사의 타고난 재능은 무엇인가요?

□ 가. 정직하고 믿을 수 있어야 한다.

□ 나. 봉사를 좋아해야 한다.

□ 다. 공평하고 정의로워야 한다.

□ 라. 충성스럽고 믿을 수 있어야 한다.

13 뛰어난 운동코치의 타고난 재능은 무엇인가요?

□ 가. 자신의 강점을 내세우는 능력

□ 나. 다른 사람의 약점을 감추는 능력

□ 다. 다른 사람의 결점을 발견하는 능력

□ 라. 다른 사람의 잠재된 능력을 발견하고 이끌어내는 능력

14 위기가 발생했을 때 전체 책임자는 어떤 타고난 재능이 있어야 할까요?

☐ 가. 자신의 이익을 챙기는 능력

☐ 나. 위기를 감추는 능력

☐ 다. 다른 사람의 잘못을 들추는 능력

☐ 라. 앞서서 이끌 수 있는 능력

4 자신의 타고난 재능을 찾아보자

타고난 재능은 자신에게 가장 귀중한 자원이면서 가장 많이 쓰이지만 잘 알지 못하는 부분이기도 해요. 그렇다면 자신의 타고난 재능을 어떻게 찾을 수 있을까요?

첫째, 어릴 때부터 알게 된다.

어떤 사람들은 어린 시절부터 특별한 재능이 뚜렷하게 나타나요. 바로 천재적인 음악가, 뛰어난 운동선수, 유명한 소설가 등처럼 말이죠.

둘째, 배우면서 알게 된다.

한 번도 해보지 않은 다른 사람에게서 배우거나 책을 통해 접하고 자신의 재능으로 만들 수 있습니다.

셋째, 어려움을 겪으면서 알게 된다.

새로운 일이나 시험을 겪은 후 자신의 태도나 표현 등이 긍정적으로 바뀌었는지 따져봐야 해요.

타고난 재능을 찾는 가장 좋은 방법은 오랜 시간 동안 자신의 행동과 표현을 관찰하고 특히 앞에서 말한 세 가지를 따져보는 거예요.

01 타고난 재능을 찾는 세 가지 방법은 무엇인가요? (정답을 모두 고르세요)

☐ 가. 다른 사람이 지적해줄 때 알게 된다.

☐ 나. 어릴 때부터 알게 된다.

☐ 다. 어려움을 겪으면서 알게 된다.

☐ 라. 죽으면서 알게 된다.

☐ 마. 성공한 사람의 예를 보고 멋있다고 생각한 것을 고른다.

☐ 바. 배우면서 알게 된다.

02 어떤 물건을 분해하길 좋아하는 사람의 타고난 재능은 무엇인가요?

☐ 가. 협동정신

☐ 나. 분석력

☐ 다. 봉사정신

☐ 라. 인내력

03 다음 중 자신의 타고난 재능을 쉽게 발견할 수 있는 상황은 언제인가요?

☐ 가. 책임감을 가지고 일을 스스로 처리한다.

☐ 나. 제멋대로 일을 처리한다.

☐ 다. 어떤 일을 맡는 것이 두려워 피한다.

☐ 라. 일하기가 싫어 거절한다.

04 다음 중 자신의 타고난 재능을 쉽게 발견할 수 있는 상황은 언제인가요?

☐ 가. 다시 옛 교과서를 본다.

☐ 나. 옛날 사진을 찾아본다.

☐ 다. 새로운 물건을 산다.

☐ 라. 새로운 것을 공부한다.

05 다음 중 타고난 재능이 있다고 생각되는 것은 무엇인가요?(정답을 모두 고르세요)

☐ 가. 어떤 일에 긍정적이다.

☐ 나. 어떤 일에 부정적이다.

☐ 다. 일에 대한 결과를 쉽게 얻을 수 없다.

☐ 라. 일에 대한 요령을 쉽게 터득할 수 있다.

☐ 마. 학습속도가 다른 사람들보다 빠르다.

☐ 바. 학습속도가 다른 사람들보다 느리다.

☐ 사. 다른 생각하지 않고 집중할 수 있다.

☐ 아. 한 생각에 집중할 수 없다.

☐ 자. 어릴 때부터 어떤 일을 특히 좋아한다.

☐ 차. 어릴 때부터 어떤 일을 특히 싫어한다.

06 자신의 타고난 재능을 찾아내는 가장 좋은 방법은 무엇인가요?

☐ 가. 자신의 재능은 모두 타고난 것이다.

☐ 나. 자신의 행동과 표현을 오랜 시간 관찰한다.

☐ 다. 자신의 재능을 누군가 인정할 때까지 기다린다.

☐ 라. 죽을 때 알 수 있으므로 무조건 기다린다.

07 자신에 대한 생각과 다른 사람의 의견을 바탕으로 다음 항목에서 자신의 타고난
재능이라고 생각되는 것을 찾으세요.

☐ 다른 사람을 잘 이해한다.   ☐ 말과 글을 잘 활용한다.

☐ 분석력이 뛰어나다.   ☐ 학습능력이 뛰어나다.

☐ 문제를 잘 해결한다.   ☐ 완벽한 것을 추구한다.

☐ 인관관계가 좋다.   ☐ 친구들을 잘 이끈다.

☐ 반응이 매우 빠르다.   ☐ 스스로 반성할 줄 안다.

☐ 환경의 변화에 놀라지 않는다.   ☐ 논리적으로 처리한다.

☐ 관찰능력이 뛰어나다.   ☐ 사람을 잘 기억한다.

☐ 앞으로의 일을 잘 내다본다.   ☐ 연기력이 뛰어나다.

☐ 창의력이 뛰어나다.   ☐ 의사소통을 잘한다.

☐ 계획력이 뛰어나다.   ☐ 문제를 깊이 따져 원리를 잘 찾는다.

☐ 예술적인 감각이 뛰어나다.   ☐ 색에 대한 감각이 좋다.

☐ 몸을 잘 움직인다.   ☐ 집중을 잘한다.

☐ 다른 사람을 잘 돌본다.   ☐ 공간 감각이 좋다.

☐ 책임감이 강하다.   ☐ 변함없이 꾸준한 마음을 가지고 있다.

☐ 남을 도와주는 것을 즐긴다.　　☐ 아주 작은 것도 잘 관찰한다.

☐ 즐거운 생각을 많이 한다.　　☐ 정의를 잘 지킨다.

☐ 모든 일에 적극적이다.　　☐ 긍정적이고 낙관적이다.

☐ 규칙을 잘 지킨다.　　☐ 마음 먹은 대로 잘 움직인다.

☐ 다른 사람들에게 인기가 많다.　　☐ 다른 사람의 말을 잘 듣는다.

☐ 다른 사람을 잘 칭찬한다.　　☐ 모험을 좋아한다.

☐ 일의 순서를 잘 따진다.　　☐ 배우는 것을 좋아한다.

☐ 다양한 여가활동을 한다.　　☐ 동정심이 많다.

☐ 어떤 일의 결정을 잘한다.　　☐ 성실하고 정직하다.

☐ 적응하는 능력이 뛰어나다.　　☐ 용감하고 자신감이 넘친다.

☐ 남을 잘 가르친다.　　☐ 공동체 정신이 강하다.

☐ 작곡을 잘 한다.　　☐ 기타 _____

 제 3과 학습 포인트

✓ 모든 사람의 재능은 쓸모있는 곳이 있다.

✓ 특기는 남들보다 뛰어나고 꾸준히 잘 할 수 있는 기술이나 재능을 말한다.

✓ 특기 = 타고난 재능 + 지식 + 기술

✓ 타고난 재능은 주어진 신체조건이나 지능으로 어떤 일을 남들보다 잘하는 것이다.

✓ 타고난 재능은 다른 사람보다 빠른 학습속도로 쉽게 요령을 터득하도록 도와준다. 또한 다른 생각을 하지 않고 집중하게 한다.

✓ 타고난 재능은 주어지는 것이고 지식과 기술은 끊임없는 노력을 통해 키워질 수 있다.

✓ 자신의 타고난 재능을 찾는 가장 좋은 방법은 오랜 시간 동안 자신의 행동과 표현을 관찰하는 것이다.

자신 알아가기-나의 특기(2)

자신이 가장 뛰어난 분야에서 성공할 수 있다.

신은 사람을 만들 때 각자 인생의 목표를 이룰 수 있도록 무한한 잠재능력과 특별한 재능을 주었어요. 우리는 살다보면 재능과 지혜가 서로 다른 사람을 만나게 돼요. 어떤 사람은 자신보다 뛰어나기도 하고, 어떤 사람은 자신보다 뒤떨어지기도 해요. 실제로 학자들이 사람들의 잠재능력과 재능에 대한 것들을 연구했고 충분한 근거로 이를 뒷받침하기도 합니다. 그러므로 자신의 타고난 능력을 최대한 발휘하면 모두 천재가 될 수 있어요.

1 동물학교 이야기

동물학교에서 동물들마다 자신의 능력을 소개했어요. 새는 날 수 있는 능력을 소개했고 토끼는 굴을 파는 능력을 소개했어요. 많은 동물들은 새와 토끼의 능력을 부러워하며 자신들도 그러한 능력을 키워야 한다고 생각했어요. 그래서 동물학교의 모든 동물들이 나는 법과 굴 파는 법을 배우기로 했어요. 그 결과 많은 동물들이 다리가 부러지거나, 온 몸에 상처를 입게 되었지요.

01 이 이야기에서 깨달은 점은 무엇인가요?

☐ 가. 다른 사람의 능력을 열심히 따르지 말고 자신의 타고난 재능도 숨겨야
한다.

☐ 나. 스스로 다른 사람의 능력을 모방하지 말고 자신의 타고난 재능을 고쳐야
한다.

☐ 다. 무조건 다른 사람의 능력을 모방하지 말고 자신의 타고난 재능을 발휘해
야 한다.

☐ 라. 무조건 다른 사람의 능력을 배워야 하고 자신의 타고난 재능을 숨겨야
한다.

2 사람마다 다른 타고난 재능

미국 하버드대학의 심리학자 하워드 가드너 박사는 다중지능(Multiple Intelligence) 이론을 발표했어요. 그는 사람들이 8대 지능을 가지고 있으며 적당한 환경에서 충분히 키울 수 있다고 말했어요.

A. 언어지능 : 글자로 사고하고 표현하는 능력. 예 작가

B. 논리수학지능 : 숫자를 잘 다루고 논리적으로 추론하는 능력. 예 수학자

C. 공간지능 : 정확하게 공간을 파악하는 능력. 예 화가

D. 신체운동지능 : 신체를 잘 움직여서 감정과 생각을 표현하는 능력. 예 무용가

E. 자연지능 : 자연을 관찰하는 것을 잘하는 능력. 예 천문학자

F. 음악지능 : 음악을 느끼고 구분하여 표현하는 능력. 예 악단 지휘자

G. 대인지능 : 다른 사람의 기분, 느낌, 동기와 감정을 분별하는 능력. 예 판매원

H. 자성지능 : 자신에 대한 이해와 인식 능력. 예 목사

01 하워드 가드너 박사는 미국의 어느 대학 교수인가요?

☐ 가. 예일대학교　　　☐ 나. 뉴욕대학교

☐ 다. 하버드대학교　　☐ 라. 캘리포니아주립대

02 하워드 가드너 박사는 어느 과목을 가르치나요?

☐ 가. 인류학 ☐ 나. 사회학

☐ 다. 통계학 ☐ 라. 심리학

03 하워드 가드너 박사는 사람들의 몇 가지 지능을 발견했나요?

☐ 가. 7 ☐ 나. 8

☐ 다. 9 ☐ 라. 10

04 자신의 인생목표를 계획할 줄 아는 것은 어떤 지능인가요?

☐ 가. 언어지능 ☐ 나. 논리수학지능

☐ 다. 공간지능 ☐ 라. 신체운동지능

☐ 마. 자연지능 ☐ 바. 음악지능

☐ 사. 대인지능 ☐ 아. 자성지능

05 생태계에 몰두하고 관심을 갖는 것은 어떤 지능인가요?

☐ 가. 언어지능 ☐ 나. 논리수학지능

☐ 다. 공간지능 ☐ 라. 신체운동지능

☐ 마. 자연지능 ☐ 바. 음악지능

☐ 사. 대인지능 ☐ 아. 자성지능

06 어려울 때 스스로 타이르고 격려하는 것은 어떤 지능인가요?

☐ 가. 언어지능 ☐ 나. 논리수학지능

☐ 다. 공간지능 ☐ 라. 신체운동지능

☐ 마. 자연지능 ☐ 바. 음악지능

☐ 사. 대인지능 ☐ 아. 자성지능

07 공동체 생활을 좋아하고 친구와 잘 사귀는 것은 어떤 지능인가요?

☐ 가. 언어지능   ☐ 나. 논리수학지능

☐ 다. 공간지능   ☐ 라. 신체운동지능

☐ 마. 자연지능   ☐ 바. 음악지능

☐ 사. 대인지능   ☐ 아. 자성지능

08 정확하고 확실한 것을 추구하며 문제를 해결하는 것은 어떤 지능인가요?

☐ 가. 언어지능   ☐ 나. 논리수학지능

☐ 다. 공간지능   ☐ 라. 신체운동지능

☐ 마. 자연지능   ☐ 바. 음악지능

☐ 사. 대인지능   ☐ 아. 자성지능

09 몸의 반응이 민첩한 것은 어떤 지능인가요?

☐ 가. 언어지능   ☐ 나. 논리수학지능

☐ 다. 공간지능   ☐ 라. 신체운동지능

☐ 마. 자연지능   ☐ 바. 음악지능

☐ 사. 대인지능   ☐ 아. 자성지능

10 방의 배치에 대한 감각이 훌륭한 것은 어떤 지능인가요?

☐ 가. 언어지능   ☐ 나. 논리수학지능

☐ 다. 공간지능   ☐ 라. 신체운동지능

☐ 마. 자연지능   ☐ 바. 음악지능

☐ 사. 대인지능   ☐ 아. 자성지능

11 글을 감상하고 깊이 연구하는 것은 어떤 지능인가요?

☐ 가. 언어지능   ☐ 나. 논리수학지능

☐ 다. 공간지능   ☐ 라. 신체운동지능

☐ 마. 자연지능   ☐ 바. 음악지능

☐ 사. 대인지능   ☐ 아. 자성지능

12 소리에 특별히 민감한 것은 어떤 지능인가요?

☐ 가. 언어지능   ☐ 나. 논리수학지능

☐ 다. 공간지능   ☐ 라. 신체운동지능

☐ 마. 자연지능   ☐ 바. 음악지능

☐ 사. 대인지능   ☐ 아. 자성지능

13 다른 사람과 입장을 바꿔서 이해하는 것은 어떤 지능인가요?

☐ 가. 언어지능   ☐ 나. 논리수학지능

☐ 다. 공간지능   ☐ 라. 신체운동지능

☐ 마. 자연지능   ☐ 바. 음악지능

☐ 사. 대인지능   ☐ 아. 자성지능

14 외부 환경을 관찰하기 좋아하는 것은 어떤 지능인가요?

☐ 가. 언어지능   ☐ 나. 논리수학지능

☐ 다. 공간지능   ☐ 라. 신체운동지능

☐ 마. 자연지능   ☐ 바. 음악지능

☐ 사. 대인지능   ☐ 아. 자성지능

3 자신의 8대 지능을 평가해보세요

다음의 질문에 한 문제당 1분을 넘기지 말고 성심성의껏 답해보세요. 각 문항별로 내 모습과 가장 닮았으면 5점, 내 모습과 가장 닮지 않았으면 1점까지 점수를 적어 보세요.

01 재능 테스트 질문

□ **A1** 학교 과목 중에서 국어, 역사, 사회, 경제를 수학과 과학보다 좋아한다.

□ **B1** 모든 사건에는 합리적인 논리, 과학적인 근거와 해석이 있어야 한다고 믿는다.

□ **C1** 상상하길 좋아하고 허구의 인물, 사건을 만들어낼 수 있으며 추상적인 사물과 추측하기를 좋아한다. 새로운 물건도 구상할 수 있다.

□ **D1** 하나 이상의 운동을 하며 스스로 연습하고 가끔 대회에 참가하기도 한다.

□ **E1** 내가 자연에 속해 있다고 느끼며 시간이 날 때 여행을 가거나 산책을 즐긴다.

□ **F1** 하나 이상의 악기를 좋아하고 다룰 줄 안다. 집중을 잘 하며 스스로 연주한다.

□ **G1** 친한 친구가 세 명 이상이며 그들과 자주 연락한다.

□ **H1** 교육 프로그램에 참가해서 나를 좀 더 이해하고 모르던 것을 배우길 좋아한다.

□ **A2** 독서를 좋아하고 책의 지식들이 무척 소중하다고 생각한다.

□ **B2** 비교적 계산을 쉽게 해서 답을 낼 수 있다.

□ **C2** 눈을 감으면 방금 전 눈앞에 보았던 사물을 뚜렷하고 쉽게 머릿속에서 떠올릴 수 있다.

□ **D2** 한 곳에 조용히 오래 앉아 있는 것은 힘든 일이다.

□ **E2** 낚시, 피크닉, 여행 등 외부활동을 좋아한다.

□ **F2** 라디오나 TV의 음악프로그램을 좋아한다.

□ **G2** 문제가 생기면 혼자서 해결하는 것보다 친구를 찾아가서 도움을 구한다.

□ **H2** 혼자 깊이 생각하는 것을 좋아하며 나 자신이 누구인지도 생각해본다. 그리고 자신의 행동을 반성하는 습관을 가지고 있다.

□ **A3** 내가 쓰고 싶은 글자나 문장을 머릿속에서 많이 생각해보고 선택한다.

□ **B3** 수학, 통계학, 과학, 회계를 잘하고 좋아한다.

□ **C3** 색에 상당히 민감하고 좋아하는 색을 잘 섞을 수 있다.

□ **D3** 수공예, 목공, 도자기공예, 재봉, 자수 등을 배우는 것을 좋아한다.

□ **E3** 돌, 조개, 나비, 나뭇잎 등을 수집하는 것을 좋아한다.

□ **F3** 음악이 없다면 내 삶은 따분할 것이다.

☐ **G3** 친구, 이웃, 형제들이 내가 도와주는 것을 좋아한다. 그들은 항상 나에게 속마음을 털어놓는다.

☐ **H3** 문제를 해결할 때 원인을 찾고 토론한 후 가장 적절한 방법을 찾는다.

☐ **A4** 십자말풀이, 수수께끼, 토론회 참여, 글을 짓는 일을 좋아한다.

☐ **B4** 나도 모르게 사물의 논리, 순서, 변화하는 모습을 찾는다.

☐ **C4** 나도 모르게 허황된 생각을 잘하며 진짜 같은 생동감이 있는 꿈을 자주 꾼다.

☐ **D4** 다른 사람보다 운동기술을 더 빨리 익히고 고난도의 동작에 도전하는 것을 좋아한다.

☐ **E4** 동물을 좋아하고 동물도 나를 잘 따른다.

☐ **F4** 관현악, 가곡, 고전음악, 재즈 등을 감상하길 좋아한다.

☐ **G4** 친구와 돈 중에서 하나를 선택하라면 나는 친구를 선택하겠다.

☐ **H4** 다른 사람들보다 끈기와 인내가 강하다.

☐ **A5** 소리를 자세히 듣고 분별하는 능력이 뛰어나며 다른 언어를 공부하는 것을 좋아한다.

☐ **B5** 어떤 일에 참여하기 전에 항상 이 일의 실용성, 흥미성을 평가해본다. 필요한 비용과 시간을 비교한 뒤 참가여부를 결정한다.

☐ **C5** 내 관찰력으로 친구의 키, 몸무게 등을 상당히 정확하게 판단할 수 있다.

☐ **D5** 쉬는 시간에 조깅, 춤, 수영, 헬스 같은 운동을 한다.

☐ **E5** 수집한 식물표본을 분류하고, 자세한 설명을 쓰고 연구하는 것을 좋아한다.

☐ **F5** 길거리를 다닐 때 음악이 들리거나 광고물을 보면 멈춰서서 감상한다.

☐ **G5** 친구들은 나를 좋아하며 나를 자신들의 대표로 추천한다.

☐ **H5** 내 능력을 발휘하고 도전할 때 스스로 게을리 하지 않는다.

☐ **A6** 나와 직접 관련은 없지만 여러 분야의 책이나 최근에 읽었던 이야기, 시사적인 화제들을 다른 사람과 함께 이야기하는 것을 좋아한다.

☐ **B6** 사물을 측정하는 것(길이, 너비, 거리, 시간, 가격 등)을 좋아하고 추상적이거나 애매한 표현방식은 싫어한다.

☐ C6 그림이 많은 책과 시각적인 것을 좋아한다. 쓸데없이 긴 문장은 정말 싫다.

☐ D6 모형을 쌓는 것을 좋아하고 직접 만드는 가구와 상품을 구입한다.

☐ E6 자연과학, 동물, 식물에 관한 것과 고고학에 매우 관심이 많다.

☐ F6 일을 하거나 독서를 할 때 내가 좋아하는 음악을 들으면 집중이 잘 된다.

☐ G6 조용히 앉아서 책을 읽는 것보다 친구들과 모임을 가지고 전화나 메신저로 다른 사람과 이야기하는 것을 훨씬 더 좋아한다.

☐ H6 내가 좋아하는 취미는 모두 혼자 할 수 있는 것이다.

☐ A7 시간이 있을 때 잡지, 소설, 신문을 보거나 도서관에 가는 것을 좋아한다.

☐ B7 장기, 추리게임, 지능검사 등 머리를 쓰는 게임을 좋아한다.

☐ C7 사진찍기, 그림 그리기 같은 창작활동과 감상을 좋아한다.

☐ D7 골치 아픈 일을 생각하거나 문제 해결방법을 찾을 때 천천히 걷거나 조깅하면서 긴장을 푼다.

☐ E7 건강한 식습관을 중요하게 생각하고 고기보다 야채를 좋아한다.

☐ F7 내가 좋아하는 노래는 한두 번 들으면 정확하게 그 음을 흥얼거릴 수 있다.

☐ G7 생활 속에서 생기는 큰 사건을 일기나 기록으로 남길 수 있다.

☐ H7 깔끔하고 청결한 것을 중요하게 생각한다. 어려서부터 깨끗하게 씻고 방을 정리하는 습관을 길러왔다. 불결한 사람과 함께 지내는 것을 싫어한다.

☐ A8 글을 쓸 때 풍부한 어휘력으로 나의 능력과 전문성을 드러낼 수 있다.

☐ B8 일을 깔끔하고 분명하게 처리하는 것을 좋아한다. 옳고 그름이 분명하지 않고 의문점이 생기면 조사하여 증명하고 다른 사람에게 정확하게 설명해달라고 한다.

☐ C8 하늘을 나는 것을 좋아한다. 하늘을 나는 느낌은 내 시야를 넓혀주고 지리와 지도에 대해서 더욱 쉽게 알 수 있도록 해준다.

☐ D8 몸의 균형감각, 반응속도가 다른 사람들보다 뛰어나다.

☐ E8 환경운동을 지지하고 자연과 동물의 보호활동에 참여하는 것을 중요하게 생각한다.

☐ F8 듣기 좋은 목소리를 가졌다.

□ G8 달기기, 수영처럼 혼자 하는 운동보다 축구, 농구, 배구 등 단체운동을 좋아한다.

□ H8 혼자 자유롭게 행동하는 것을 좋아한다. 더 자유롭고 편안하다고 느껴지기 때문이다.

□ A9 질문하고 발표하는 것을 좋아하며 다른 사람의 말하는 기술과 내용을 잘 분석한다.

□ B9 옷장, 책장, 일상생활 중 밥을 먹는 곳은 항상 깔끔하고 깨끗하게 한다.

□ C9 방향감각이 좋아서 길을 헤매지 않고, 잘 알지 못하는 곳에서도 빨리 출구를 찾을 수 있다.

□ D9 사물과 접촉하고 직접 실험해서 깨닫는 지식과 즐거움을 좋아한다.

□ E9 애완동물 기르는 것을 좋아해서 한 마리 이상의 애완동물을 키운다.

□ F9 노래 부르기를 좋아하고 다른 사람 앞에서 좋아하는 노래를 부르는 것이 부끄럽지 않다.

□ G9 교회, 봉사단체, 학생회 같은 단체에 자주 참여한다.

□ H9 제3자의 시선으로 냉철하게 문제를 관찰하고 처리한다.

□ A10 혼자서 일을 하거나 공부할 때 혼잣말을 하기도 한다.

□ B10 다른 사람들이 지나치다고 할 정도로 일을 매우 정밀하게 계획한다.

□ C10 퍼즐, 레고, 틀린 그림 찾기 놀이를 좋아한다.

□ D10 롤러코스터, 바이킹 같은 자극적인 놀이기구와 번지점프, 패러글라이딩, 행글라이딩 같은 운동을 좋아한다.

□ E10 밤하늘 관찰, 날씨의 변화에 대한 연구를 좋아한다.

□ F10 연주자가 연주할 때 다른 건반을 잘못 누르거나 음정이 틀리는 실수를 쉽게 찾아낼 수 있다.

□ G10 다른 사람에게 내 이미지를 표현하는 것을 중요하게 생각하고 나에 대한 친구의 평가를 중요하게 여긴다.

□ H10 철학, 종교, 심리학을 좋아하고 자발적으로 좋은 선생님을 찾아가 잘못된 것을 지도받는다.

02 계산방법

이 테스트는 절대로 옳거나 틀린 답이 없습니다. 여러분이 표시한 점수를 아래 표에 각 항목별로 옮겨 적고 가로로 점수를 합해서 점수를 내세요. 그 총점이 그 항목에 대한 총점수입니다. 이를 통해서 각 지능별로 자신을 평가할 수 있습니다.

지능분류	1	2	3	4	5	6	7	8	9	10	총점
A 언어지능											
B 논리수학지능											
C 공간지능											
D 신체운동지능											
E 자연지능											
F 음악지능											
G 대인지능											
H 자성지능											

03 평가결과 분석

여러분의 점수를 아래의 표에 그려보세요.

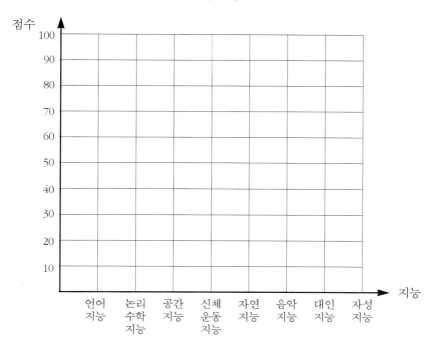

여러분이 가장 강한 지능은 무엇인가요?

_____

 제 4과 학습 포인트

> ✓ 자신의 재능을 발휘할 줄 알아야 한다.
>
> ✓ 하워드 가드너 박사의 8대 지능
>
> - 언어지능　　　• 논리수학지능　　　• 공간지능
> - 신체운동지능　• 자연지능　　　　　• 음악지능
> - 대인지능　　　• 자성지능
>
> ✓ 재능 테스트는 자신의 강한 항목과 약한 항목을 이해하는데 도움을 준다.

자신 알아가기-나의 흥미(1)

자신이 정말 좋아하는 일을 하면 자신의 일생에 단 하루도 일한다는 생각을 하지 않을 것이다.

흥미는 인생에 영향을 줄 수 있으며 성공과 즐거움을 가져다줄 수도 있어요. 한번 생각해보세요. 수십 년 동안 좋아하지 않은 일을 하며 산다면 성공할 수 있을까요? 성공으로 가는 길은 고독하고 어렵습니다. 성공한 사람들이 몇 십 년간 정신을 집중하고 괴로움을 참으며 열정적으로 일할 수 있었던 이유는 자신의 흥미에 충실하고, 일을 하나의 즐거움을 보았기 때문이에요. 이것이 바로 성공의 기본입니다.

1 화가의 성공

다니엘 골만(Daniel Goleman)은 일찍이 18년간의 연구를 소개한 적이 있습니다. 연구대상은 예술학교를 졸업한 200명의 학생이었어요. 그는 화가가 된 사람들이 학창시절에 그림을 좋아했다는 점을 알아냈습니다. 반대로 학창시절에 명예와 부를 꿈꾸던 사람은 졸업 후 대부분 전공과는 점점 멀어졌어요. 연구 결과 한 사람이 그림에 흥미를 가지게 되면 그 사람의 모든 재능이 화가가 되는 데 도움을 준다는 것을 알게 되었어요. 만약 당신이 캔버스 앞에서 이 그림이 얼마에 팔릴 수 있을지 또는 비평가들이 어떤 평가를 할지만 생각한다면 성공하긴 어렵습니다. 명예와 부만을 생각한다면 결과는 그와 정반대로 될 것이고 진심으로 자신이 좋아하는 일에 집중하고 노력해야 성공할 수 있다는 것을 알 수 있습니다.

01 다니엘 골만의 연구대상인 사람들은 무슨 과목을 공부했나요?

☐ 가. 건축 ☐ 나. 예술

☐ 다. 과학 ☐ 라. 문학

02 연구기간은 얼마나 걸렸나요?

☐ 가. 16년 ☐ 나. 17년

☐ 다. 18년 ☐ 라. 19년

03 화가가 된 사람들은 학창시절을 어떻게 보냈나요?

☐ 가. 그림을 지루하게 생각했다.

☐ 나. 그림을 어렵게 생각했다.

☐ 다. 그림을 그려 돈을 벌겠다고 생각했다.

☐ 라. 그림에 흥미를 가지고 있었다.

04 학창시절에 명예와 부만을 꿈꾼 사람은 졸업 후 어떻게 되었나요?

☐ 가. 좋은 평가를 받았다.

☐ 나. 평론가들과 친하게 지냈다.

☐ 다. 전공과 점점 멀어져갔다.

☐ 라. 전공을 더욱 열심히 갈고 닦았다.

05 이 연구는 어떤 성공법칙을 말해주나요?

☐ 가. 진심으로 다른 사람들이 미워하는 일에 혼신의 힘을 기울여야 실패할 수
있다.

☐ 나. 진심으로 자기가 좋아하는 일에 혼신의 힘을 기울여야 성공할 수 있다.

☐ 다. 진심으로 다른 사람이 좋아하는 일에 혼신의 힘을 기울여야 성공할 수
있다.

☐ 라. 진심으로 다른 사람이 좋아하는 일에 혼신의 힘을 기울여야 실패할 수 있다.

2 흥미란 무엇인가

　　흥미란 자신이 가장 좋아하는 일을 마음에서 우러나서 하는 것이에요. 흥미는 마치 애인과도 같아요. 자신이 좋아하는 애인을 뚫어지게 쳐다보면 모든 것이 예뻐 보이겠죠? 자신이 좋아하는 일을 하면 모든 것이 즐거워집니다. 또 흥미가 주는 기쁨은 목표를 달성했을 때뿐만 아니라 과정 중에도 생깁니다. 작가는 작품이 완성되면 기분이 좋겠지만, 자료를 수집하고 글을 쓸 때도 큰 기쁨을 느낍니다. 강한 흥미는 즐거움을 주고 게으름을 이기게 해주며 걱정을 잊게 해줘요. 그리고 온 정신을 집중할 수 있게 해주고 어떤 어려움도 극복하게 만듭니다. 그래서 흥미는 노력과 아주 밀접한 관련이 있다고 할 수 있어요.

01 흥미란 무엇인가요?

　□ 가. 자신이 싫어하는 일을 하는 것

　□ 나. 부모님이 바라는 일을 하는 것

　□ 다. 친구가 추천한 일을 하는 것

　□ 라. 자신이 좋아하는 일을 하는 것

02 흥미는 어디에서 나오는 것인가요?

　□ 가. 친구　　　　□ 나. 마음

　□ 다. 책　　　　　□ 라. 부모님

03 흥미는 마치 무엇과 같나요?

　□ 가. 애인　　　　□ 나. 가족

　□ 다. 미인　　　　□ 라. 죄인

04 흥미가 가득한 일을 할 때 자신의 마음은 무엇으로 가득 차나요?

　□ 가. 슬픔으로 가득 찬다.

☐ 나. 동정으로 가득 찬다.

☐ 다. 분노로 가득 찬다.

☐ 라. 즐거움으로 가득 찬다.

05 강한 흥미는 어떤 힘을 가지고 있나요?

☐ 가. 자신이 최고로 멋있다고 생각하게 하고 다른 사람들을 무시하게 만든다.

☐ 나. 즐거워서 게으름을 이기고 걱정도 잊게 해준다. 또 온 정신을 집중할 수 있게 하고 어떤 어려움도 극복하게 한다.

☐ 다. 다른 일을 찾게 도와준다.

☐ 라. 자신의 재능을 찾지 못하게 하고 게으른 습관을 심어준다.

06 흥미와 가장 관련이 있는 덕목은 무엇인가요?

☐ 가. 용기   ☐ 나. 용서

☐ 다. 인내   ☐ 라. 노력

3 흥미와 일

여러분의 앞에는 수많은 일들이 놓여져 있고 여러분의 흥미 또한 무척 다양하지요. 자신에게 알맞은 일을 어떻게 선택할 수 있을까요? 할 일을 고를 때 최선의 방법은 자신이 가장 중요하게 생각하는 흥미를 찾는 것입니다. 이는 흥미 중의 흥미를 말해요. 자신이 가장 좋아하는 일을 하면 일하는 과정이 즐거워지고 이 일이 바로 즐거움의 원천이라고 생각할 수 있어요. 자신이 좋아하는 일을 하는 것은 자신을 더욱 적극적인 사람으로 만들어 더 큰 성공의 기회를 만들어주고 더 큰 힘과 더 많은 생각을 하게 만듭니다. 그리고 더 높은 성취감을 주어 자신의 능력을 인정하게 되고 자신감이 생겨 잠재된 능력을 충분히 발휘하게 됩니다. 다음 질문은 미래에 자신이 가장 흥미를 느낄 일을 판단하도록 도와줄 거예요.

01 흥미 중의 흥미란 무엇인가요?

☐ 가. 흥미를 느끼는 것 중 가장 낮은 정도인 것

☐ 나. 흥미를 느끼는 것 중 가장 멋있는 것

☐ 다. 흥미를 느끼는 것 중 가장 좋아하는 것

☐ 라. 흥미를 느끼는 것 중 가장 오래된 것

02 자신이 좋아하는 일을 하면 일하는 과정은 어떻게 되나요?

☐ 가. 즐거워진다.

☐ 나. 명예로워진다.

☐ 다. 부담스러워진다.

☐ 라. 지루해진다.

03 자신이 좋아하는 일을 하는 것은 자신에게 어떤 좋은 점이 있나요?

(정답을 모두 고르세요)

☐ 가. 더 큰 힘을 가지도록 한다.

☐ 나. 자신에 대해서 더욱 자신감을 갖도록 한다.

☐ 다. 더 많은 생각을 하게 된다.

☐ 라. 자신의 능력을 더욱 인정하게 한다.

☐ 마. 적극적으로 일하게 된다.

☐ 바. 더 높은 성취감을 준다.

☐ 사. 잠재된 능력을 발휘하게 한다.

☐ 아. 더 큰 성공의 기회를 만들어준다.

04 많은 나라를 여행하고 싶어 하는 사람에게는 어떤 일이 적합한가요?

☐ 가. 치과의사   ☐ 나. 관광 가이드

☐ 다. 선생님   ☐ 라. 변호사

05 맛있는 음식을 먹고 싶어 하는 사람에게는 어떤 일이 적합한가요?

    ☐ 가. 지도교사   ☐ 나. 편집기사

    ☐ 다. 요리전문가   ☐ 라. 의원

06 많은 연구를 하고 싶어 하는 사람에게는 어떤 일이 적합한가요?

    ☐ 가. 수학자   ☐ 나. 촬영기사

    ☐ 다. 과학자   ☐ 라. 판매원

07 사람들의 관심을 받고 싶어 하는 사람에게는 어떤 일이 적합한가요?

    ☐ 가. 청소부   ☐ 나. 연예인

    ☐ 다. 경찰   ☐ 라. 의사

08 자연과 접촉하고 싶어 하는 사람에게는 어떤 일이 적합한가요?

    ☐ 가. 정치가   ☐ 나. 기업가

    ☐ 다. 원예가   ☐ 라. 심리학자

09 다른 사람을 도와주고 싶어 하는 사람에게는 어떤 일이 적합한가요?

    ☐ 가. 군인   ☐ 나. 가수

    ☐ 다. 사회복지사   ☐ 라. 화가

4 자신의 흥미 찾기

자신의 진정한 흥미를 찾는 것은 결코 쉬운 일이 아니에요. 이와 같은 사실은 많은 테스트와 경험을 통해 알 수 있어요. 하지만 자신의 흥미가 무엇인지 발견하면 일을 열심히 하는 원동력으로 삼을 수 있어요. 만약 어떤 일에 집중하고 즐거움에 모든 것을 잊은 채 전력을 쏟으며 매일 아침 일어나자 마자 그 일을 완성하길 바란다면 여러분은 자신의 진정한 흥미가 무엇인지 발견한 거예요. 그 흥미들은 평생 자신과 함께 하기도 하지만 어떤 것은 변하기도 해요. 사람이 성장하면서 학습, 실행, 시험을 겪으면서 새로운 흥미가 생겨날 수 있기 때문이죠. 그래서 흥미를 찾는 가장 좋은 방법은 자신에게 충분한 시간을 주어 자신의 시야를 넓히고 다양한 분야를 접해보는 것입니다.

01 무엇을 통해서 자신의 흥미를 찾을 수 있나요?

☐ 가. 시기와 질투　　　☐ 나. 협력과 경쟁

☐ 다. 평가와 토론　　　☐ 라. 테스트와 경험

02 다음 중 진정한 흥미를 발견했을 때의 느낌은 무엇인가요?

(정답을 모두 고르세요)

☐ 가. 즐거워서 모든 것을 잊는다.

☐ 나. 이루지 못할 꿈을 떠올린다.

☐ 다. 완전히 집중한다.

☐ 라. 남의 의견을 받아들이지 않고 자기의 고집대로만 한다.

☐ 마. 전력을 다 한다.

☐ 바. 완성하길 바란다.

03 사람의 성장과정 중에서 무엇을 겪으면 새로운 흥미가 생길 수 있나요?

(정답을 모두 고르세요)

☐ 가. 실수　　　　☐ 나. 학습

☐ 다. 실패　　　　☐ 라. 혼란

☐ 마. 실행　　　　☐ 바. 시험

04 흥미를 찾는 가장 좋은 방법은 무엇인가요? (정답을 모두 고르세요)

☐ 가. 자신의 시야를 넓힌다.

☐ 나. 자신의 시력을 키운다.

☐ 다. 충분한 휴식을 취한다.

☐ 라. 이것저것 닥치는 대로 한다.

☐ 마. 충분한 시간을 준다.

☐ 바. 다양한 분야를 접한다.

05 자신의 흥미를 찾아보세요.

📛 : 친구와 이야기하기, 여행, 연구, 운전, 봉사, 아이들 가르치기 등

_____

_____

_____

_____

 제 5과 학습 포인트

> ✔ 진심으로 자신이 좋아하는 일을 해야만 성공할 수 있다.
>
> ✔ 흥미는 바로 자신이 가장 좋아하는 일에서 느낀다.
>
> ✔ 강한 흥미는 어려움을 극복하고 일을 열심히 하게 하는 원동력이다.
>
> ✔ 먼저 자신의 흥미를 찾아야 비로소 자신에게 알맞은 일을 알 수 있다.
>
> ✔ 흥미를 가져야 일을 가장 잘할 수 있다.
>
> ✔ 완전히 집중하고 즐거움에 모든 것을 잊고 전력을 쏟게 되는 일이 자신의 진정한 흥미다.
>
> ✔ 흥미를 찾는 가장 좋은 방법은 자신에게 충분한 시간을 주어 시야를 넓히고 다양한 분야를 접하는 것이다.

자신 알아가기-나의 흥미(2)

내가 보통 사람과 다른 것은 단지 매일 아침 일어나 내가 좋아하는 일을 하는 것이다. 만약 당신이 나에게 무언가를 배우기 원한다면 바로 이것을 알려줄 것이다.

– 워런 버핏(Warren Buffett)

'신데렐라'의 이야기를 알고 있죠? 왕자는 한 짝의 유리구두가 맞는 신부를 찾으려 하죠. 왕자와 결혼하고 싶은 사람들은 어떻게 해서든 유리구두를 신으려 했지만 모두 맞지 않았어요. 이처럼 일은 신데렐라의 유리구두와 비슷해요. 자신의 흥미에 맞고 자신이 완전하게 몰두할 수 있는 일이 가장 좋은 것입니다.

1 에디슨(1847~1931)의 발명

발명왕으로 유명한 에디슨은 1847년 미국에서 태어났어요. 그는 평생 2,000개가 넘는 발명을 했고 세계에서 가장 위대한 발명왕이라는 명예를 얻었어요. 비록 가정형편이 어려워 초등학교를 3개월밖에 다니지 못했지만 그는 노력을 게을리 하지 않고 고생을 참으며 혼자서 공부했답니다.

그는 자연과학에 아주 깊은 흥미가 있었어요. 많은 사물에 대해서 호기심을 가졌고 직접 실험하는 것을 좋아했어요. 어른이 되자 그는 자신의 흥미를 바탕으로 전력을 다해 연구하고 발명하는 일을 했습니다. 일에 대한 에디슨의 흥미는 그를 집중하게 만들었고 밥 먹고 잠자는 것조차 잊게 만들었어요. 그는 일찍이 "내

일생에서 하루도 일한 적이 없다. 나는 매일 너무 즐거웠다"라고 말한 적이 있어
요. 그의 말을 보면 일생에서 가장 큰 즐거움은 바로 자신의 흥미를 실천할 수 있는
일임을 알 수 있어요. 그래서 그가 크게 성공할 수 있었던 것입니다.

01 에디슨은 어떤 명예를 얻었나요?

☐ 가. 세계에서 가장 위대한 철강왕

☐ 나. 세계에서 가장 위대한 발명왕

☐ 다. 세계에서 가장 위대한 격투왕

☐ 라. 세계에서 가장 위대한 탐험왕

02 에디슨이 평생 발명한 것은 몇 개나 되나요?

☐ 가. 2,000개가 넘는다.

☐ 나. 3,000개가 넘는다.

☐ 다. 4,000개가 넘는다.

☐ 라. 5,000개가 넘는다.

03 에디슨은 초등학교를 얼마나 다녔나요?

☐ 가. 2개월　　　　☐ 나. 3개월

☐ 다. 4개월　　　　☐ 라. 5개월

04 에디슨은 어렸을 때부터 어떤 분야에 흥미가 있었나요?

☐ 가. 언어학　　　　☐ 나. 사회과학

☐ 다. 의학　　　　☐ 라. 자연과학

05 에디슨은 무엇에 따라 자신의 일을 결정했나요?

☐ 가. 재능　　　　☐ 나. 성격

☐ 다. 흥미　　　　☐ 라. 꿈

06 에디슨의 일에 대한 흥미는 그를 어떻게 만들었나요?

☐ 가. 밥 먹고 잠자는 것을 포함한 모든 것을 버리게 했다.

☐ 나. 밥 먹고 잠자는 것을 포함한 모든 것을 싫어하게 했다.

☐ 다. 밥 먹고 잠자는 것을 포함한 모든 것을 잊도록 했다.

☐ 라. 밥 먹고 잠자는 것을 포함한 모든 것을 원하게 했다.

07 에디슨은 왜 일생 동안 하루도 일을 해본 적 없다고 했나요?

☐ 가. 그의 인생에서 가장 큰 즐거움은 공부이기 때문이다.

☐ 나. 그의 인생에서 가장 큰 즐거움은 여행이기 때문이다.

☐ 다. 그의 인생에서 가장 큰 즐거움은 일하지 않는 것이기 때문이다.

☐ 라. 그의 인생에서 가장 큰 즐거움은 일이기 때문이다.

08 당신은 에디슨의 성공에서 무엇을 배울 수 있나요? (정답을 모두 고르세요)

☐ 가. 사물에 대해서 호기심을 가져야 한다.

☐ 나. 밥 먹고 잠자는 것을 잊어야 한다.

☐ 다. 노력을 게을리 하지 않고, 어려움을 견디며 공부해야 한다.

☐ 라. 초등학교는 3개월만 다녀야 한다.

☐ 마. 일생 동안 일할 필요가 없다.

☐ 바. 자신이 흥미를 가지는 일에 온 힘을 쏟아야 한다.

☐ 사. 일을 하면서 가장 큰 즐거움을 얻어야 한다.

☐ 아. 기타 _____

2 일의 6가지 흥미

심리학자들은 여러 해 동안 흥미에 대해서 연구했어요. 연구에 따르면 사람의 일생에서 어떤 일을 선택할 때 흥미는 가장 중요한 역할을 한다고 해요. 심지어 능력보다도 더욱 중요하다고 해요. 미국의 유명한 심리학자 존 홀랜드(John Holland)는 456종의 직업을 개인의 흥미별에 따라 크게 여섯 가지로 나눴습니다.

A. 실제형(Realistic)

도구나 기계 같은 사물을 사용하는 것을 좋아한다.

B. 연구형(Investigative)

새로운 지식을 배우는 것을 좋아하며 그 지식으로 문제를 해결한다.

C. 예술형(Artisitic)

자유롭게 상상하는 것을 좋아하며 아름다움을 추구한다.

D. 사회형(Social)

다른 사람을 이해하거나 다른 사람과 대화하는 것을 좋아하며 다른 사람의 감정에 관심이 많다.

E. 기업형(Enterprising)

일을 계획하고 다른 사람을 이끄는 능력으로 다른 사람에게 영향을 주거나 설득하는 것을 좋아한다.

F. 전통형(Conventional)

꼼꼼하고 규정된 절차를 따르는 것을 좋아한다.

01 연구에 따르면 일을 선택할 때 가장 큰 영향을 주는 요소는 무엇인가요?

☐ 가. 타고난 재능　　☐ 나. 성격

☐ 다. 능력　　☐ 라. 흥미

02 심리학자 존 홀랜드(John Holland)는 무엇을 바탕으로 직업을 분류했나요?

☐ 가. 개인의 타고난 재능

☐ 나. 개인의 흥미

☐ 다. 개인의 지식

☐ 라. 개인의 기술

03 요리사는 어떤 유형의 직업에 속하나요?

☐ 가. 실제형　　☐ 나. 연구형　　☐ 다. 예술형

☐ 라. 사회형　　☐ 마. 기업형　　☐ 바. 전통형

04 회사의 사장은 어떤 유형의 직업에 속하나요?

☐ 가. 실제형　　☐ 나. 연구형　　☐ 다. 예술형
☐ 라. 사회형　　☐ 마. 기업형　　☐ 바. 전통형

05 인테리어 전문가는 어떤 유형의 직업에 속하나요?

☐ 가. 실제형　　☐ 나. 연구형　　☐ 다. 예술형
☐ 라. 사회형　　☐ 마. 기업형　　☐ 바. 전통형

06 선생님은 어떤 유형의 직업에 속하나요?

☐ 가. 실제형　　☐ 나. 연구형　　☐ 다. 예술형
☐ 라. 사회형　　☐ 마. 기업형　　☐ 바. 전통형

07 수학자는 어떤 유형의 직업에 속하나요?

☐ 가. 실제형　　☐ 나. 연구형　　☐ 다. 예술형
☐ 라. 사회형　　☐ 마. 기업형　　☐ 바. 전통형

08 공무원은 어떤 유형의 직업에 속하나요?

☐ 가. 실제형　　☐ 나. 연구형　　☐ 다. 예술형
☐ 라. 사회형　　☐ 마. 기업형　　☐ 바. 전통형

09 자동차 정비기사는 어떤 유형의 직업에 속하나요?

☐ 가. 실제형　　☐ 나. 연구형　　☐ 다. 예술형
☐ 라. 사회형　　☐ 마. 기업형　　☐ 바. 전통형

10 간호사는 어떤 유형의 직업에 속하나요?

☐ 가. 실제형　　☐ 나. 연구형　　☐ 다. 예술형

□ 라. 사회형　　　　□ 마. 기업형　　　　□ 바. 전통형

11 지휘자는 어떤 유형의 직업에 속하나요?
　　□ 가. 실제형　　　□ 나. 연구형　　　□ 다. 예술형
　　□ 라. 사회형　　　□ 마. 기업형　　　□ 바. 전통형

3 자신의 흥미 분석하기

　흥미 분석은 자신의 주관적인 취향, 즉 흥미를 가지는 대상을 찾기 위해서 한답니다. 만약 자신의 흥미분야를 이해한다면 자신을 위한 성공의 기초를 닦을 수 있어요. 만약 여러분이 사람들의 특징과 흥미를 기준으로 여섯 집단으로 나눈 모임 중에 한 곳을 가야 한다면 자신은 어떤 집단에 들어갈지 생각해보세요.

　　R형(실제형) : 식물을 기르거나 도구를 사용해 집을 수리하고 설치하는 것 등을
　　　　　　　　좋아한다.
　　I형(연구형) : 깊이 생각하는 것을 좋아하고 진리를 추구하고 분석을 중시한다.
　　A형(예술형) : 무용, 음악, 그림, 문학 등에 대해 얘기하는 것을 좋아한다.
　　S형(사회형) : 성격이 온화하고 다른 사람을 돕는 것을 즐기며 다정하다.
　　E형(기업형) : 기업경영, 무역, 경제 등에 대해 얘기하는 것을 좋아한다.
　　C형(전통형) : 성격이 냉정하고 보수적이다. 신중하며 꼼꼼하다.

　※ 이 여섯 집단은 각각의 흥미를 가진 사람들을 대표해요. 여러분과 비슷하고 추구하는 것이 같은 집단은 어떤 집단인지 따져보세요.

01 자신이 어떤 집단에 속한다고 생각하세요?

_____

_____

02 만약 여러분이 속한 집단이 없어진다면 어떤 집단에 들어가고 싶으세요?

_____

_____

 제 6과 학습 포인트

> ✓ 온 힘을 다해 흥미를 가지는 일을 하고, 그 일을 하면서 가장 큰 즐거
> 움을 얻는 것이 성공의 기초이다.
>
> ✓ 일의 6가지 흥미(R.I.A.S.E.C)
>
> • 실제형(Realistic)
>
> • 연구형(Investigative)
>
> • 예술형(Artisitic)
>
> • 사회형(Social)
>
> • 기업형(Enterprising)
>
> • 전통형(Conventional)

자신 알아가기-나의 성격(1)

성공의 여러 요소 중에서 좋은 성격이 우수한 두뇌보다 훨씬 낫다.

—카네기

성격이 운명을 결정해요. 성격은 생활태도와 행동에 영향을 미칠 뿐만 아니라 인생의 중요한 요소인 일(직업)을 선택할 때에도 영향을 주기 때문입니다. 따라서 자신의 성격과 장점은 충분히 활용하고 단점은 바꿔야만 자신의 재능을 효과적으로 발휘할 수 있고 성공을 향해 한 걸음 한 걸음 나아갈 수 있어요.

1 링컨(1809~1865)의 성공

링컨은 미국의 가난한 농촌에서 태어났어요. 그의 아버지는 선량한 목수였고 어머니는 온화하신 분이었어요. 아들을 무척 사랑했던 어머니는 안타깝게도 링컨이 9살 되던 해에 병으로 돌아가셨어요. 링컨은 어릴 때부터 일을 해야 했고, 학교는 불과 1년도 다니지 못했으며 주로 독학을 했답니다. 또 링컨은 인생의 모든 부분에서 좌절을 겪었어요. 사랑하는 아내를 잃었고 두 번의 사업실패를 겪었어요. 대통령 선거는 8번이나 실패했고 심지어 정신분열을 앓기도 했어요. 비록 많은 좌절을 겪었지만 그는 포기하지 않고 용감하게 운명의 도전을 받아들였어요. 결국 그는 52세에 미국 16대 대통령이 되었고 그 후로도 흑인노예 해방 같은 위대한 일들을 할 수 있었습니다.

01 다음 중 링컨이 겪은 좌절은 무엇인가요? (정답을 모두 고르세요)

☐ 가. 어려서부터 아주 가난했다.

☐ 나. 정신분열을 앓았다.

☐ 다. 사랑하는 아내를 잃었다.

☐ 라. 사업에 두 번 실패했다.

☐ 마. 빚 때문에 파산했다.

☐ 바. 9살 때 어머니가 돌아가셨다.

☐ 사. 학교를 1년도 다니지 못했다.

☐ 아. 대통령 선거에서 8번이나 실패했다.

☐ 자. 어려서부터 일을 했다.

☐ 차. 모든 재산을 잃었다.

02 링컨은 몇 세에 미국 대통령이 되었나요?

☐ 가. 48세　　　　☐ 나. 50세

☐ 다. 52세　　　　☐ 라. 54세

03 링컨은 어떤 위대한 일들을 이루었나요?

☐ 가. 미국의 흑인노예를 해방시켰다.

☐ 나. 많은 발명품을 만들었다.

☐ 다. 미국 서부개척에 힘을 쏟았다.

☐ 라. 미국에 민주주위를 자리잡게 했다.

04 다음 중 링컨이 성공할 수 있었던 것은 어떤 성격이었기 때문인가요?

(정답을 모두 고르세요)

☐ 가. 운명을 믿는다.

☐ 나. 희생정신이 아주 강하다.

☐ 다. 끝까지 포기하지 않는다.

□ 라. 학습정신이 부족하다.

□ 마. 솔직하고 믿을 만하다.

□ 바. 운명의 도전을 과감하게 받아들인다.

05 링컨의 이야기에서 무엇을 깨달을 수 있나요?

□ 가. 좋은 기회를 흘려보내는 것이 바로 운명을 바꾸는 일이다.

□ 나. 어떤 결정을 하기만 해도 운명이 바뀐다.

□ 다. 훌륭한 기술을 익히는 것이 바로 운명을 바꾸는 일이다.

□ 라. 좋은 성격을 가지는 것이 바로 운명을 바꾸는 일이다.

2 성격이란 무엇인가

성격이란 한 사람이 일상생활을 하면서 사람, 사건, 자신, 외부환경에 대해 가지는 일반적인 행동양식이에요. 비교적 일정하며 갑자기 생겨나지 않아요. '일반적이고 비교적 일정하다'는 것은 이러한 행동이 쉽게 바뀌지 않고 변하기 어렵다는 뜻입니다. 수줍은 성격의 사람은 대체로 과묵하고 사교능력이 부족한 것처럼 말이죠.

01 성격은 보통 무엇에 대한 행동양식인가요? (정답을 모두 고르세요)

□ 가. 내부환경   □ 나. 가난한 사람

□ 다. 다른 사람   □ 라. 자연

□ 마. 자신   □ 바. 물건

□ 사. 외부환경   □ 아. 사건

02 '일반적이고 비교적 일정하다'는 행동이란 무엇인가요?

□ 가. 이 행동은 쉽게 바뀔 수 없다.

□ 나. 이 행동은 쉽게 바뀔 수 있다.

☐ 다. 이 행동은 수시로 바뀔 것이다.

☐ 라. 이 행동은 반드시 수시로 바뀐다.

03 활발한 성격인 사람의 행동양식은 대체로 어떤가요?

☐ 가. 사교적이고 입담이 뛰어나다.

☐ 나. 분석을 잘하고 낙관적이다.

☐ 다. 연구를 잘하고 성실하다.

☐ 라. 공부를 잘하고 솔직하다.

04 낙관적인 성격인 사람의 행동양식은 대체로 어떤가요?

☐ 가. 진취적이지만 걱정이 많다.

☐ 나. 까다롭고 고집이 세다.

☐ 다. 긍정적이고 쉽게 좌절하지 않는다.

☐ 라. 거칠면서도 신중하다.

05 부드러운 성격인 사람의 행동양식은 대체로 어떤가요?

☐ 가. 남들과 함께 잘 지내며 쉽게 흥분하지 않는다.

☐ 나. 모든 일에 최선을 다하고 즐기며 일하지만 쉽게 협력하지 않는다.

☐ 다. 진취적이고 자신감이 있으며 걱정하지 않는다.

☐ 라. 책임감이 강하고 지나치게 트집 잡지 않는다.

06 이성적이고 냉철한 성격인 사람의 행동양식은 대체로 어떤가요?

☐ 가. 꼼꼼한 것을 중시하며 쉽게 타협하지 않는다.

☐ 나. 분석을 잘하고 객관적이며 공정하다.

☐ 다. 우유부단하지만 변화를 좋아한다.

☐ 라. 독립적이지만 쉽게 협력하다.

07 다음 중 쉽게 성공할 수 있는 성격의 태도는 무엇인가요?

(정답을 모두 고르세요)

☐ 가. 어떤 문제든 반드시 해결방법이 있다.

☐ 나. 이것은 내가 책임져야 한다.

☐ 다. 모든 어려움은 기회로 가득 차 있다.

☐ 라. 모든 어려움은 극복할 수 있다.

☐ 마. 이것은 내 일이 아니다.

☐ 바. 반드시 더 좋은 방법이 있을 것이다.

3 성격은 어떻게 만들어지고 변하는가

사람의 성격은 정말 다양합니다. 어떤 사람은 잘난 체하며 화를 잘 내요. 또 어떤 사람은 정말 친절하고 활발해요. 또 어떤 사람은 자신의 속마음을 잘 드러내지 않아요. 한 사람의 성격은 만들어지는 과정이 정말 복잡하고 짧은 시간에 만들어지지 않아요. 성격은 유전, 가정, 문화, 학습, 사회환경, 경험 같은 많은 요인의 영향을 받고 자신도 모르는 사이에 만들어집니다. 비록 성격이 변하는 것은 매우 어려운 일이지만 인생의 다양한 경험들은 성격을 천천히 변하게 만듭니다. 부끄러움을 많이 타는 사람이 주변 환경의 영향으로 사교적이고 적극적인 사람으로 변할 수 있는 것처럼 말이죠.

01 사람들의 성격은 대체로 어떤가요?

☐ 가. 하나 같이 똑같다.   ☐ 나. 전혀 어울리지 않는다.

☐ 다. 모두 비슷하다.   ☐ 라. 매우 다양하다.

02 성격이 만들어지는 과정은 어떤 특징이 있나요? (정답을 모두 고르세요)

☐ 가. 매우 다양하다.

☐ 나. 자신이 정하기 나름이다.

☐ 다. 자기의 뜻대로 만들어진다.

☐ 라. 자신도 모르는 사이에 만들어진다.

☐ 마. 오랜 세월에 걸쳐 만들어진다.

☐ 바. 과정은 달라도 결과는 같다.

03 성격의 형성은 어떤 요인의 영향을 받나요? (정답을 모두 고르세요)

☐ 가. 학습   ☐ 나. 계절

☐ 다. 유전   ☐ 라. 기후

☐ 마. 가정   ☐ 바. 사회환경

☐ 사. 경험   ☐ 아. 문화

04 성격은 변할 수 있나요?

☐ 가. 변할 수 없다.

☐ 나. 아주 쉽게 변할 수 있다.

☐ 다. 갑자기 변한다.

☐ 라. 천천히 변한다.

4 나의 성격

사람들은 모두 장점과 단점을 가지고 있어요. 자신의 성격이나 습관, 행동들을 이해할수록 자신의 성격의 특징을 활용하고 단점을 보완할 수 있어요. 또 자신에게 맞는 일과 친구를 고를 수 있고 인간관계를 바꾸며 자신의 선택을 이해할 수 있답니다.

01 자신의 성격을 이해하는 것은 어떤 점이 좋은가요? (정답을 모두 고르세요)

☐ 가. 자신에게 맞는 일을 찾을 수 있다.

☐ 나. 자신의 선택을 이해할 수 있다.

☐ 다. 다른 사람의 장점을 발휘할 수 있다.

☐ 라. 자신에게 맞는 친구를 찾을 수 있다.

☐ 마. 자신의 특징을 활용할 수 있다.

☐ 바. 적합한 성격을 선택할 수 있다.

☐ 사. 자신의 단점을 고칠 수 있다.

☐ 아. 인간관계를 바꿀 수 있다.

02 자신에 대한 이해와 다른 사람의 의견을 생각할 때 자신을 가장 잘 표현한 것이
라고 생각하는 것을 찾으세요.

☐ 귀엽다	☐ 고집이 세다
☐ 솔직하다	☐ 까다롭다
☐ 경솔하다	☐ 다정하다
☐ 밉상이다	☐ 혼자 결정한다
☐ 세심하다	☐ 기분따라 움직인다
☐ 부끄러움을 잘 탄다	☐ 괴팍하다
☐ 성실하다	☐ 말과 행동이 일치한다
☐ 질투심이 강하다	☐ 급하다
☐ 인기가 많다	☐ 낙관적이다
☐ 비관적이다	☐ 인내심이 강하다
☐ 질문이 많다	☐ 이성적이다
☐ 자상하다	☐ 사랑스럽다
☐ 논리적이다	☐ 진취적이다
☐ 신중하다	☐ 게으르다
☐ 부지런하다	☐ 우유부단하다
☐ 비장하다	☐ 의존적이다
☐ 심술궂다	☐ 외향적이다
☐ 속마음을 감춘다	☐ 친절하다
☐ 명랑하다	☐ 낭만적이다
☐ 오만하다	☐ 방정맞다
☐ 건방지다	☐ 대범하다

☐ 용감하다   ☐ 의지가 굳다

☐ 무례하다   ☐ 앞을 내다본다

☐ 적극적이다   ☐ 보수적이다

☐ 정확하다   ☐ 독립적이다

☐ 융통성이 없다   ☐ 정직하다

☐ 온화하다   ☐ 엄숙하다

☐ 세밀하다   ☐ 진실되다

☐ 기타 _____

 제 7과 학습 포인트

✓ 성격은 운명을 결정한다.

✓ 성격이란 한 사람이 일상생활 중에 사람, 사건, 자신, 외부환경에 대해 가지는 일반적인 행동양식이고 비교적 일정하다.

✓ 한 사람의 성격은 다양한 요인의 영향을 받는다.

✓ 성격은 자신도 모르는 사이 아주 오랜 시간에 걸쳐 만들어진다.

✓ 자신의 성격을 이해하면 자신의 성격을 잘 활용할 수 있고 단점도 고칠 수 있다.

자신 알아가기-나의 성격(2)

우리는 다른 사람의 재능을 부러워해서도 안 되며 자신의 평범함을 한탄해서도 안 된다. 사람들은 각자 독특한 성격의 매력을 가지고 있다. 중요한 것은 자신의 성격을 잘 파악하고 발전시키는 것이다.

– 소니 창업자 이부카 마사루

사람들의 성격은 여러 가지가 합쳐져 매우 다양하며 모두 조금씩 달라요. 성격이 다양하기 때문에 세상은 다양하고 활기를 띱니다. 또 다른 성격을 가진 사람들은 서로 다른 색깔을 보이며 서로 다른 인생을 살게 된답니다.

1 성격과 일

성격은 한 사람의 성공에 큰 영향을 미칩니다. 실제로 성격의 장단점은 동전의 양면과 같아서 어떤 일을 선택할 때 반드시 장점을 발전시키고 단점을 피해야 하며 자신의 성격에 가장 맞는 일을 선택해야 해요. 변화를 좋아하는 사람이 규정대로 해야 하는 일이나 단조로운 일을 하면 힘들다고 느끼는 것은 당연하겠죠? 이처럼 모든 일에는 각각 맞는 사람이 따로 있답니다. 어떤 일은 침착하고 끈질긴 사람에게 맞고, 어떤 일은 외향적이고 활발한 사람에게 맞아요. 그래서 자신의 성격에 따라 적합한 일을 선택하는 것은 성공에 도움을 줍니다.

01 성격은 자신의 성공에 어떤 영향을 주나요?

☐ 가. 좋은 영향을 주지 못한다.

☐ 나. 어떤 영향도 주지 못한다.

☐다. 큰 영향을 준다.

☐라. 적은 영향을 준다.

02 어떤 일을 선택할 때 자신의 성격을 어떻게 활용해야 할까요?

☐가. 무시한다.

☐나. 장점을 발전시키고 단점을 피해야 한다.

☐다. 단점을 숨기고 장점만을 강조한다.

☐라. 일과 성격은 상관없다.

03 배우가 되려면 어떤 성격을 가져야 하나요?

☐가. 객관적이고 냉정하며 분석을 잘 한다.

☐나. 열정적이고 자상하며 온화하다.

☐다. 정직하고 내성적이며 신중하고 엄숙하다.

☐라. 감정이 풍부하고 표현을 잘 한다.

04 회계사가 되려면 어떤 성격을 가져야 하나요?

☐가. 신중하고 꼼꼼하다.

☐나. 활발하고 명랑하다.

☐다. 일을 대충 처리한다.

☐라. 건방지고 잘난 체한다.

05 유치원선생님이 되려면 어떤 성격을 가져야 하나요?

☐가. 화를 잘 내고 날카롭다.

☐나. 우울하고 내성적이다.

☐다. 어린이를 사랑한다.

☐라. 친절하고 온화하다.

06 기업의 회장이 되려면 어떤 성격을 가져야 하나요?

☐ 가. 오만하고 독단적이며 까다롭다.

☐ 나. 급하지만 신중하고 낭만적이다.

☐ 다. 부지런하고 진취적이며 굳세다.

☐ 라. 괴팍하고 방정맞지만 용감하다.

07 판매원이 되려면 어떤 성격을 가져야 하나요?

☐ 가. 고집을 피우지만 솔직하다.

☐ 나. 급하고 엄숙하다.

☐ 다. 오만하고 경솔하다.

☐ 라. 적극적이고 활발하다.

08 간호사가 되려면 어떤 성격을 가져야 하나요?

☐ 가. 성실하고 속마음을 드러내지 않는다.

☐ 나. 다정하고 세심하며 신중하다.

☐ 다. 용감하고 정직하며 엄숙하다.

☐ 라. 낙관적이고 성실하지만 심술궂다.

09 순종적인 성격의 사람은 비교적 어떤 일에 적합한가요?

☐ 가. 연구   ☐ 나. 봉사

☐ 다. 공격적인 일   ☐ 라. 기술적인 일

10 친절하고 사람을 잘 도와주는 성격을 가진 사람은 비교적 어떤 일에 적합한가요?

☐ 가. 연구   ☐ 나. 봉사

☐ 다. 공격적인 일   ☐ 라. 기술적인 일

11 지도력을 가진 사람은 비교적 어떤 일에 적합한가요?

☐ 가. 시키는 대로 하는 일 ☐ 나. 봉사

☐ 다. 기술 ☐ 라. 사람을 관리하는 일

12 변화를 좋아하는 사람은 비교적 어떤 일에 적합한가요?

☐ 가. 사람을 관리하는 일 ☐ 나. 봉사

☐ 다. 시키는 대로 하는 일 ☐ 라. 창조하는 일

2 성격의 유형

심리학자의 연구에 따르면 성격을 분류하는 방법은 다양합니다. 이 책에서는
9가지 유형의 성격에 근거한 에니어그램(Enneagram)으로 설명합니다.

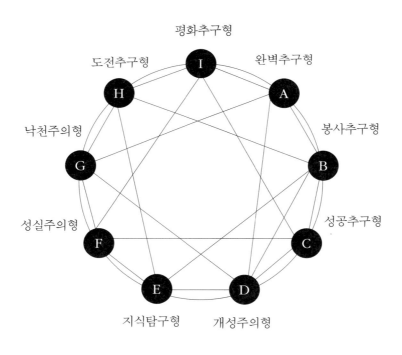

A. 완벽추구형

모든 일을 소홀히 다루지 않고 완벽하게 끝내려 하며 자신의 꿈을 위해 노력을 아끼지 않는다.

B. 봉사추구형

사랑하는 마음이 크고 자신의 것을 아낌없이 내놓으며 남을 돕는 일이 내 일이라고 생각한다.

C. 성공추구형

성공과 명예를 높이기 위해 열심히 일하고 인생의 가치를 성공과 실패로 나눈다.

D. 개성주의형

예술가의 기질이 있고 경험, 분위기, 감각을 중요하게 생각한다.

E. 지식탐구형

지식을 추구하고 정보를 중요하게 생각하며 태도가 조심스럽다.

F. 성실주의형

충성스럽고 성실하며 믿음직스럽다. 전통과 단체에 대한 충성심이 강하고 헌신적이다.

G. 낙천주의형

모든 일에 낙관적이고 활발하며 명랑하며 아이디어와 상상력이 풍부하다.

H. 도전추구형

옳다고 생각하는 일을 용감하게 추진하고 권력을 좋아한다.

I. 평화추구형

남의 뜻을 잘 헤아리고, 낙관적이며 다른 사람과 잘 지내며 친근하고 다정하다.

01 예술가는 어떤 성격유형을 가지고 있나요?

☐ 가. 완벽추구형　　☐ 나. 봉사추구형　　☐ 다. 성공추구형

☐ 라. 개성주의형　　☐ 마. 지식탐구형　　☐ 바. 성실주의형

☐ 사. 낙천주의형　　☐ 아. 도전추구형　　☐ 자. 평화추구형

02 지도자는 어떤 성격유형을 가지고 있나요?

☐ 가. 완벽추구형   ☐ 나. 봉사추구형   ☐ 다. 성공추구형

☐ 라. 개성주의형   ☐ 마. 지식탐구형   ☐ 바. 성실주의형

☐ 사. 낙천주의형   ☐ 아. 도전추구형   ☐ 자. 평화추구형

03 자원봉사자는 어떤 성격유형을 가지고 있나요?

☐ 가. 완벽추구형   ☐ 나. 봉사추구형   ☐ 다. 성공추구형

☐ 라. 개성주의형   ☐ 마. 지식탐구형   ☐ 바. 성실주의형

☐ 사. 낙천주의형   ☐ 아. 도전추구형   ☐ 자. 평화추구형

04 대학교 교수는 어떤 성격유형을 가지고 있나요?

☐ 가. 완벽추구형   ☐ 나. 봉사추구형   ☐ 다. 성공추구형

☐ 라. 개성주의형   ☐ 마. 지식탐구형   ☐ 바. 성실주의형

☐ 사. 낙천주의형   ☐ 아. 도전추구형   ☐ 자. 평화추구형

05 새로운 것을 좋아하는 사람은 어떤 성격유형을 가지고 있나요?

☐ 가. 완벽추구형   ☐ 나. 봉사추구형   ☐ 다. 성공추구형

☐ 라. 개성주의형   ☐ 마. 지식탐구형   ☐ 바. 성실주의형

☐ 사. 낙천주의형   ☐ 아. 도전추구형   ☐ 자. 평화추구형

06 각 분야의 개척자는 어떤 성격유형을 가지고 있나요?

☐ 가. 완벽추구형   ☐ 나. 봉사추구형   ☐ 다. 성공추구형

☐ 라. 개성주의형   ☐ 마. 지식탐구형   ☐ 바. 성실주의형

☐ 사. 낙천주의형   ☐ 아. 도전추구형   ☐ 자. 평화추구형

07 자신을 남들 앞에 드러내길 좋아하는 사람은 어떤 성격유형을 가지고 있나요?

☐ 가. 완벽추구형 ☐ 나. 봉사추구형 ☐ 다. 성공추구형

☐ 라. 개성주의형 ☐ 마. 지식탐구형 ☐ 바. 성실주의형

☐ 사. 낙천주의형 ☐ 아. 도전추구형 ☐ 자. 평화추구형

08 한 분야에서 맡은 일을 꾸준히 하는 사람은 어떤 성격유형을 가지고 있나요?

☐ 가. 완벽추구형 ☐ 나. 봉사추구형 ☐ 다. 성공추구형

☐ 라. 개성주의형 ☐ 마. 지식탐구형 ☐ 바. 성실주의형

☐ 사. 낙천주의형 ☐ 아. 도전추구형 ☐ 자. 평화추구형

09 현재의 평온한 상태가 깨지는 것을 두려워하는 사람은 어떤 성격유형을 가지고 있나요?

☐ 가. 완벽추구형 ☐ 나. 봉사추구형 ☐ 다. 성공추구형

☐ 라. 개성주의형 ☐ 마. 지식탐구형 ☐ 바. 성실주의형

☐ 사. 낙천주의형 ☐ 아. 도전추구형 ☐ 자. 평화추구형

10 자신의 주변을 모두 장악하고자 하는 사람은 어떤 성격유형을 가지고 있나요?

☐ 가. 완벽추구형 ☐ 나. 봉사추구형 ☐ 다. 성공추구형

☐ 라. 개성주의형 ☐ 마. 지식탐구형 ☐ 바. 성실주의형

☐ 사. 낙천주의형 ☐ 아. 도전추구형 ☐ 자. 평화추구형

11 다른 사람의 요구를 쉽게 이해하고 알아주는 사람은 어떤 성격유형을 가지고 있나요?

☐ 가. 완벽추구형 ☐ 나. 봉사추구형 ☐ 다. 성공추구형

☐ 라. 개성주의형 ☐ 마. 지식탐구형 ☐ 바. 성실주의형

☐ 사. 낙천주의형 ☐ 아. 도전추구형 ☐ 자. 평화추구형

12 새로움을 추구하고 남들과 다르길 원하는 사람은 어떤 성격유형을 가지고 있나요?

☐ 가. 완벽추구형　　☐ 나. 봉사추구형　　☐ 다. 성공추구형

☐ 라. 개성주의형　　☐ 마. 지식탐구형　　☐ 바. 성실주의형

☐ 사. 낙천주의형　　☐ 아. 도전추구형　　☐ 자. 평화추구형

13 슬픈 것을 두려워하는 사람은 어떤 성격유형을 가지고 있나요?

☐ 가. 완벽추구형　　☐ 나. 봉사추구형　　☐ 다. 성공추구형

☐ 라. 개성주의형　　☐ 마. 지식탐구형　　☐ 바. 성실주의형

☐ 사. 낙천주의형　　☐ 아. 도전추구형　　☐ 자. 평화추구형

14 규칙을 잘 지키는 사람은 어떤 성격유형을 가지고 있나요?

☐ 가. 완벽추구형　　☐ 나. 봉사추구형　　☐ 다. 성공추구형

☐ 라. 개성주의형　　☐ 마. 지식탐구형　　☐ 바. 성실주의형

☐ 사. 낙천주의형　　☐ 아. 도전추구형　　☐ 자. 평화추구형

15 지위와 명예를 중요하게 생각하는 사람은 어떤 성격유형을 가지고 있나요?

☐ 가. 완벽추구형　　☐ 나. 봉사추구형　　☐ 다. 성공추구형

☐ 라. 개성주의형　　☐ 마. 지식탐구형　　☐ 바. 성실주의형

☐ 사. 낙천주의형　　☐ 아. 도전추구형　　☐ 자. 평화추구형

3 자신의 성격유형 알아보기

각 성격유형들의 보기 중에서 자신과 가장 가까운 것을 골라보세요. 여러 개를 선택해도 됩니다.

01 완벽추구형

☐ 가. 공평하고 정확하게 일한다.

☐ 나. 항상 다른 사람의 실수를 비판한다.

☐ 다. 모든 일이 질서정연한 것을 좋아한다.

☐ 라. 모든 일을 만족할 때 끝내려 한다.

☐ 마. 절대로 만족하지 않는다.

☐ 바. 실수하는 것을 항상 염려한다.

☐ 사. 항상 긴장하고 직접 일을 처리한다.

02 봉사추구형

☐ 가. 다른 사람을 위해서 시간과 에너지를 사용하길 좋아한다.

☐ 나. 다른 사람을 배려하는 것을 좋아한다.

☐ 다. 다른 사람이 도움을 원하는 것을 금방 알아차린다.

☐ 라. 다른 사람을 도와줄 때 즐거움을 느낀다.

☐ 마. 다른 사람을 돕는 것을 내 일이라 생각하고 항상 다른 사람을 신경 쓴다.

☐ 바. 항상 새로운 친구를 사귄다.

☐ 사. 항상 다른 사람을 칭찬한다.

03 성공추구형

☐ 가. 목표를 향해 노력한다.

☐ 나. 다른 사람의 칭찬과 관심을 받는 것을 좋아한다.

☐ 다. 새로운 사물을 공부할 때 나에게 얼마나 중요한지 생각한다.

☐ 라. 항상 의욕이 넘친다.

☐ 마. 대범하게 생각하며 원대한 꿈을 가지고 있다.

☐ 바. 성공한 사람은 존경을 받는다고 믿는다.

☐ 사. 항상 다른 사람보다 뛰어나길 바란다.

04 개성주의형

☐ 가. 나를 중요하게 생각한다.

☐ 나. 기분에 따라 행동한다.

☐ 다. 항상 내 감정만 생각한다.

☐ 라. 창작활동을 좋아한다.

☐ 마. 시대의 흐름에 따르는 것을 싫어한다.

☐ 바. 냉정하게 표현하고 누가 뭐라해도 내 방식대로 한다.

☐ 사. 나와 함께 다닐 친구가 있건 없건 신경 쓰지 않는다.

05 지식탐구형

☐ 가. 날카로운 질문을 좋아한다.

☐ 나. 나만의 공간에 다른 사람이 들어오는 것을 싫어한다.

☐ 다. 다른 사람의 관심이 싫다.

☐ 라. 어떤 사건을 관찰하는 것을 좋아한다.

☐ 마. 신중하고 깊게 생각한 뒤 행동에 옮긴다.

☐ 바. 생각을 말하는 것보다 분석하는 것을 더 좋아한다.

☐ 사. 다른 사람과 함께 지내면 편하지 않다.

06 성실주의형

☐ 가. 편안하고 한가로운 생활을 중요하게 생각한다.

☐ 나. 책임감이 강하고 부지런한 것을 중요하게 생각한다.

☐ 다. 항상 사전에 준비하고 최악의 상황을 고려한다.

☐ 라. 변화와 모험을 싫어한다.

☐ 마. 모든 일에 조심하고 신중하다.

☐ 바. 가끔 의심이 너무 많다.

☐ 사. 충실하고 믿을 만하며 자신의 역할을 잊지 않는다.

07 낙천주의형

☐ 가. 모든 일을 낙관적으로 대한다.

☐ 나. 흥미를 가지는 일이 많다.

☐ 다. 다양한 생활을 좋아한다.

☐ 라. 사람의 성격 중에서 가장 중요한 것은 열린 마음이라고 생각한다.

☐ 마. 가끔 나를 그냥 자유롭게 둔다.

☐ 바. 함께 놀 친구가 많다.

☐ 사. 새로운 자극을 좋아한다.

08 도전추구형

☐ 가. 정의로우며 공평하지 못한 것을 따진다.

☐ 나. 어려움을 과감하게 받아들이며 투지가 강하다.

☐ 다. 내 의견을 용감하게 표현한다.

☐ 라. 독립적이고 자주적이다.

☐ 마. 다른 사람들은 나를 냉정하고 무자비하다고 생각한다.

☐ 바. 효과적인 것을 좋아하고 일처리가 깔끔하지 못한 것을 싫어한다.

☐ 사. 다른 사람이 내 의견을 따르는 것을 좋아한다.

09 평화추구형

☐ 가. 다른 사람과 싸우는 것을 싫어한다.

☐ 나. 수동적이고 우유부단하다.

☐ 다. 다른 사람의 부탁을 거절하기가 어렵다.

☐ 라. 다른 사람과 경쟁하는 것을 싫어한다.

☐ 마. 내 입장을 지키지 못한다.

☐ 바. 항상 문제를 피하고 해결하지 않는다.

☐ 사. 다른 사람의 의견을 받아들이는 것을 좋아한다.

여러분은 어떤 유형에 속하나요? 가장 많이 표시한 부분을 고르세요. 만약에 자신이 어떤 유형에 속하는지 알 수 없다면 선생님, 부모님, 친구에게 물어보세요. 각각의 유형들은 저마다 자신에게 적합한 위치와 중요성을 나타내요. 그러므로 어떤 유형이 다른 유형보다 좋다고 할 수 없어요.

 제 8과 학습 포인트

✓ 자신의 성격과 꼭 맞는 일을 선택해야 한다.

✓ 9가지 성격유형(Enneagram)

- 완벽추구형　　• 봉사추구형　　• 성공추구형
- 개성주의형　　• 지식탐구형　　• 성실주의형
- 낙천주의형　　• 도전추구형　　• 평화추구형

자신 알아가기 — 나의 가치관 (1)

한 사람의 가치는 그가 어떤 공헌을 했는지로 따져야 한다.

−아인슈타인

어떤 것에 가치를 둔다는 것은 그것이 자신에게 얼마나 중요한지를 말하는 거예요. 어떤 것을 중요하게 생각하면 자신의 마음에서 많은 부분을 차지하게 됩니다. 건강을 중요하게 생각하는 사람은 음식과 운동에 신경 씁니다. 그러므로 눈에 보이진 않지만 자신이 중요하게 생각하는 가치에 따라서 모든 결정을 하게 됩니다. 결국 가치에 따라 인생의 방향도 정해지게 됩니다.

1 퀴리부인(1867~1934) 이야기

퀴리부인은 폴란드에서 태어난 유명한 물리학자예요. 고등학교를 졸업한 후 프랑스의 소르본대학에 입학했고 물리학과 수학에서 석사학위를 받았고 수석과 차석을 차지했죠. 퀴리부인은 평생을 과학에 바쳤고 노벨상을 두 차례나 받았어요. 또 남편과 함께 라듐을 발견했어요. 그러나 남편이 불행하게도 교통사고로 세상을 떠났어요. 퀴리부인은 슬픔을 참으며 라듐 연구를 계속 했답니다.

또 탐구정신을 지키며 온 힘을 다해 연구했고 명예와 돈은 바라지 않았어요. 심지어 아무 조건 없이 자신의 결과물들을 세상에 알렸어요. 최고의 명예로 꼽히는 영국왕립아카데미의 메달을 딸에게 장난감으로 주기도 했어요. 하지만 퀴리부인은 연구를 거듭할수록 과도하게 방사선을 쐬게 되어 큰 병을 얻었답니다. 인류를 위해 기여한 퀴리부인의 위대한 정신은 존경을 받을 만합니다.

01 퀴리부인은 어느 나라에서 태어났나요?

☐ 가. 영국　　　　　☐ 나. 미국

☐ 다. 폴란드　　　　☐ 라. 프랑스

02 퀴리부인은 누구와 함께 라듐을 발견했나요?

☐ 가. 교수　　　　　☐ 나. 친구

☐ 다. 남편　　　　　☐ 라. 동료

03 퀴리부인은 왜 큰 병을 얻었나요?

☐ 가. 과도한 연구로 피로가 쌓였다.

☐ 나. 과도한 전기에 감전됐다.

☐ 다. 과도한 자외선을 쐬었다.

☐ 라. 과도한 방사선을 쐬었다.

04 퀴리부인이 일생 중 가장 중요하게 생각했던 것은 무엇인가요?

☐ 가. 인류를 위한 공헌　　☐ 나. 사회적 지위

☐ 다. 재산　　　　　　　☐ 라. 명예

2 가치관이란 무엇인가

여러분의 인생에서 가장 중요한 가치는 무엇인가요? 가치관이란 사람, 일, 사물 등이 자신에게 얼마나 중요한 것인지를 따져보는 판단입니다. 돈을 중요하게 생각하는 사람은 돈을 벌기 위해 1년 내내 쉬지 않고 일하고도 피곤을 느끼지 않으며 심지어 두 가지 직업을 가지기도 해요. 실제로 사람들은 서로 다른 가치관을 가지고 있어서 서로 다른 생활방식, 문제해결 방법, 목표, 직업을 선택해요. 가정을 중요하게 생각하는 사람과 노는 것을 중요하게 생각하는 사람이 선택하는 생활방식은 절대로 같을 수가 없겠죠? 또 같은 일을 하더라도 각자의 가치관은 같지 않아요. 남들 앞에 자신을 드러내고 싶어 차를 사는 사람이 있는가 하면 직업을 위해 차를 사는 사람이 있는 것처럼 말이죠. 그래서 가치관은 마치 보이지 않는 손처럼 자신의 운명과 일생을 결정합니다.

01 가치관은 무엇인가요?

☐ 가. 사람, 일, 사물 등이 자신에게 얼마나 중요한지 판단하는 것이다.

☐ 나. 사람, 일, 사물 등이 자신에게 얼마나 나쁜지 판단하는 것이다.

☐ 다. 사람, 일, 사물 등이 친구에게 얼마나 나쁜지 판단하는 것이다.

☐ 라. 사람, 일, 사물 등이 부모에게 얼마나 도움이 되는지 판단하는 것이다.

02 가치관의 특징은 무엇인가요? (정답을 모두 고르세요)

☐ 가. 냄새를 맡을 수 없다.　　☐ 나. 들리지 않는다.

☐ 다. 보이지 않는다.　　☐ 라. 만질 수 없다.

☐ 마. 알 수 없다.　　☐ 바. 찾을 수 없다.

03 다음 중 가치관의 영향을 받은 것은 무엇인가요? (정답을 모두 고르세요)

☐ 가. 차를 산다.　　☐ 나. 직업을 선택한다.

☐ 다. 친구를 사귄다.　　☐ 라. 게임을 고른다.

☐ 마. 집을 선택한다.　　☐ 바. 휴가지를 고른다.

☐ 사. 입을 옷을 고른다.　　☐ 아. 읽을 책을 고른다.

04 사람들의 생각이 다른 것은 무엇 때문인가요?

☐ 가. 서로 같은 가치관　　☐ 나. 비슷한 가치관

☐ 다. 가치관은 생각과 관련없다　　☐ 라. 서로 다른 가치관

05 다음 중 자신의 인생을 결정하는 것은 무엇인가요?

☐ 가. 성취욕 ☐ 나. 남녀관

☐ 다. 가치관 ☐ 라. 자신감

06 다음 중 가치관의 예는 무엇인가요? (정답을 모두 고르세요)

☐ 가. 도전 ☐ 나. 성공 ☐ 다. 자유 ☐ 라. 안전

☐ 마. 건강 ☐ 바. 아름다움 ☐ 사. 편안함 ☐ 아. 명예

07 아름다운 외모를 중요하게 생각하는 여성은 어떻게 행동할까요?

☐ 가. 아주 많은 돈을 들여서 글쓰기강좌에 참여한다.

☐ 나. 아주 많은 돈을 들여서 심리강좌에 참여한다.

☐ 다. 아주 많은 돈을 들여서 요리강좌에 참여한다.

☐ 라. 아주 많은 돈을 들여서 미용강좌에 참여한다.

08 가정의 화목함을 중요하게 생각하는 아버지는 어떻게 행동할까요?

☐ 가. 항상 혼자 밥을 먹는다.

☐ 나. 항상 가족들과 함께 놀러다닌다.

☐ 다. 항상 친구와 함께 다닌다.

☐ 라. 항상 회사일만 생각한다.

09 자신의 시간과 돈으로 다른 사람을 아낌없이 도와주는 사람은 어떤 가치관을 가지고 있나요?

☐ 가. 자신의 아름다움을 추구한다.

☐ 나. 새로운 문제에 도전하는 것을 중요하게 생각한다.

☐ 다. 다른 사람들에게서 인정받는 것을 중요하게 생각한다.

☐ 라. 남들에게 봉사하는 것을 중요하게 생각한다.

10 어떤 일에 더 많은 시간과 돈을 투자하는 것은 무엇을 나타내나요?

☐ 가. 이 가치관에 관심이 없다.

☐ 나. 이 가치관을 싫어한다.

☐ 다. 이 가치관을 중요하게 생각한다.

☐ 라. 이 가치관을 가볍게 생각한다.

11 성공한 사업가는 어떤 가치관을 가지고 있을까요?

☐ 가. 가족과 함께 다니는 것을 중요하게 생각한다.

☐ 나. 성공과 열심히 일하는 것을 중요하게 생각한다.

☐ 다. 휴식과 열심히 노는 것을 중요하게 생각한다.

☐ 라. 건강과 열심히 운동하는 것을 중요하게 생각한다.

12 성적이 떨어져도 관심없는 학생은 어떤 가치관을 가지고 있을까요?

☐ 가. 수업과 점수는 중요하지 않다.

☐ 나. 가정과 건강은 중요하지 않다.

☐ 다. 오락과 휴식은 중요하지 않다.

☐ 라. 친구와 봉사는 중요하지 않다.

13 마음에서 우러나 종교를 믿는 사람은 어떻게 행동할까요?

☐ 가. 학교를 대신해서 봉사하고 학생과 함께 모임을 가진다.

☐ 나. 회사를 대신해서 봉사하고 부하직원과 함께 모임을 가진다.

☐ 다. 지역을 대신해서 봉사하고 부모님과 함께 모임을 가진다.

☐ 라. 교회를 대신해서 봉사하고 친구와 함께 모임을 가진다.

14 자신의 이익만 생각하는 사람은 어떻게 행동할까요?

☐ 가. 동료가 원하는 것을 만족시켜준다.

☐ 나. 자신과 다른 사람이 함께 원하는 것을 만족시킨다.

□다. 자신이 필요한 것만 만족시킨다.

□라. 모든 가족이 원하는 것을 만족시켜준다.

3 가치관의 형성

가치관은 어릴 때부터 형성됩니다. 부모님, 형제, 선생님, 친구, 존경하는 인물, 사회 분위기, 종교 등의 영향을 받아 자신도 모르는 사이에 습관이 되어버리는 것이죠. 일반적으로 가치관은 어느 정도 변함없이 유지되어 한 사람을 발전시키거나 변화시킵니다. 또 성격처럼 한 번 형성되면 변하지 않는 것이 아니라 연령이나 개인의 주변환경에 따라 변해요. 자신의 가치관을 잘 알면 인생목표를 확실히 세울 수 있습니다.

01 가치관은 언제부터 형성되나요?

□가. 어른이 된 후부터 형성된다.

□나. 어린시절부터 형성된다.

□다. 학교를 졸업하면서 형성된다.

□라. 태어나면서 형성된다.

02 가치관의 형성은 어떤 요인의 영향을 받나요? (정답을 모두 고르세요)

□가. 친구   □나. 형제

□다. 존경하는 인물   □라. 종교

□마. 부모님   □바. 영화

□사. 문화   □아. 신문

03 가치관은 어떻게 형성되나요?

□가. 단숨에 일을 해치울 때 형성된다.

□나. 어려운 일을 해결할 때 형성된다.

95

☐ 다. 아주 빠르게 형성된다.

☐ 라. 자신도 모르는 사이에 형성된다.

04 가치관의 특징은 무엇인가요? (정답을 모두 고르세요)

☐ 가. 변하지 않지만 어느 순간 사라진다.

☐ 나. 변함없이 유지된다.

☐ 다. 변할 수 있다.

☐ 라. 매우 쉽게 변한다.

☐ 마. 인생의 발전을 돕는다.

☐ 바. 한 번 굳어지면 바뀌지 않는다.

05 자신의 가치관을 잘 이해하는 것은 어떤 영향을 주나요?

☐ 가. 자신의 인생목표를 잘 세울 수 있다.

☐ 나. 자신의 학습목표를 잘 세울 수 있다.

☐ 다. 자신의 외모를 잘 가꿀 수 있다.

☐ 라. 자신의 돈을 잘 관리할 수 있다.

06 가난하게 자란 사람은 어떤 가치관을 중요하게 생각할까요?

☐ 가. 친구 　　☐ 나. 믿음

☐ 다. 휴식 　　☐ 라. 돈

07 큰 병으로 고생하다가 완치된 사람은 어떤 가치관을 중요하게 생각할까요?

☐ 가. 독서 　　☐ 나. 건강

☐ 다. 오락 　　☐ 라. 일

08 정치적으로 고통을 받은 사람은 어떤 가치관을 중요하게 생각할까요?

☐ 가. 친구   ☐ 나. 민주주의

☐ 다. 성공   ☐ 라. 자연

09 전쟁을 겪은 사람은 어떤 가치관을 중요하게 생각할까요?

☐ 가. 단합   ☐ 나. 평등

☐ 다. 친구   ☐ 라. 평화

10 자연재해를 겪은 사람은 어떤 가치관을 중요하게 생각할까요?

☐ 가. 자유   ☐ 나. 생명

☐ 다. 정의   ☐ 라. 평등

4 가치관과 일

　옛말에 '사람마다 바라는 것이 있다'고 했어요. 여기서 말하는 바라는 것이 직업을 선택할 때 작용하면 바로 '일의 가치관'이 됩니다. 간단히 말해 한 사람이 일을 할 때 추구하는 목적과 목표를 말하며 서로 다른 인생철학을 반영한다고 할 수 있어요. 어떤 사람은 평생 자선사업을 하기를 원하고 어떤 사람은 평생 더 많은 재산을 쌓기 위해서 노력할 것입니다. 이러한 차이는 모두 서로 다른 가치관을 가지기 때문에 생겨요. 그러므로 자신의 인생에서 무엇이 가장 중요한지 알고 꼭 맞는 일을 찾아야 합니다. 그래야 인생의 목적과 목표를 달성하는 데 도움이 됩니다.

01 '사람마다 바라는 것이 있다'는 말은 일에 있어서 어떤 의미를 가지나요?

☐ 가. 사람마다 서로 다른 일의 가치관을 가지고 있다.

☐ 나. 사람마다 비슷한 일의 가치관을 가지고 있다.

☐ 다. 사람은 누구나 일의 가치관을 가져야 한다.

☐ 라. 사람에게 가치관은 필요없다.

02 일을 하면서 어떻게 자신의 목표를 달성할 수 있나요?

☐ 가. 다른 모든 것을 포기하고 목표만을 생각한다.

☐ 나. 자신의 가치관과 일은 상관없다.

☐ 다. 자신의 가치관과 일이 달라야 한다.

☐ 라. 자신의 가치관과 일이 꼭 맞아야 한다.

03 가족모임을 중요하게 생각하는 사람이 선택하지 않는 일은 무엇일까요?

☐ 가. 재미있는 일

☐ 나. 야근이 잦은 일

☐ 다. 집에서 할 수 있는 일

☐ 라. 많은 사람과 협력하는 일

04 일의 독창성을 중요하게 생각하는 사람은 어떤 일을 좋아할까요?

☐ 가. 독립적인 일

☐ 나. 봉사할 수 있는 일

☐ 다. 창조적인 일

☐ 라. 평범한 일

05 돈을 중요하게 생각하는 사람은 먼저 어떤 조건의 일을 고려할까요?

☐ 가. 함께 협력할 수 있는 일

☐ 나. 변화할 수 있는 일

☐ 다. 수입이 많은 일

☐ 라. 능력을 발휘할 수 있는 일

06 일의 만족감을 중요하게 생각하는 사람은 먼저 어떤 조건의 일을 고려할까요?

☐ 가. 안정된 수입

☐ 나. 재능을 최대한 발휘할 수 있는 일

□ 다. 여러 사람과 협력할 수 있는 일

□ 라. 안정적인 직업

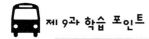 제 9과 학습 포인트

> ✓ 가치관은 사람, 일, 사물이 자신에게 얼마나 중요한지 판단하는 것이다.
>
> ✓ 가치관은 어릴 때부터 형성되며 부모님, 형제, 친구, 존경하는 인물, 사회 분위기와 종교 등의 자연스러운 영향을 받고 자신도 모르는 사이에 형성된다.
>
> ✓ 연령과 개인의 주변환경에 따라 가치관은 변할 수 있다.
>
> ✓ 우리의 일은 반드시 가치관과 꼭 맞아야 자신의 목적을 이룰 수 있다.

10 | 자신 알아가기-나의 가치관(2)

만약 어떤 사람이 자신의 보잘것없는 생존만을 위해서 평범하게 시간을 보낸다면 100살까지 산다고 해도 어떤 가치와 의미를 찾을 수 없다.

인생이 가치와 의미를 가지려면 먼저 올바른 가치관을 세워야 해요. 이것이 성공의 기초예요. 가치관과 인생의 방향이 잘못되면 아마도 인생은 비극으로 끝날지 몰라요. 또 노력과 성실이 아름다운 인생을 만든다고 믿지 않으면 아무것도 이루지 못하는 인생이 될 수 있어요.

1 마틴 루터 킹(1929~1968) 이야기

유명한 흑인인권운동가인 마틴 루터 킹(Martin Luther King Jr.) 박사는 1929년 미국에서 태어났어요. 그의 아버지는 목사였고 킹 박사도 1954년부터 목사 생활을 했어요. 1950년대 미국에서는 흑인들의 교육받을 권리를 박탈했고 백인들의 차별이 심했어요. 심지어 선거권도 없었어요. 이러한 불평등한 사회 분위기를 바꾸기 위해서 킹 목사는 흑인들을 모아서 시위를 하고 연설도 했습니다. 또 평생 흑인들의 권리를 찾기 위해 노력했어요. 그는 사회에 공헌한 공로를 인정받아 1964년에 노벨평화상을 받았어요. 하지만 안타깝게도 1968년 연설도중 암살을 당했습니다. 그때가 겨우 39세였어요.

01 마틴 루터 킹의 직업은 무엇인가요?

　□ 가. 의사　　　　　□ 나. 목사

　□ 다. 연설가　　　　□ 라. 변호사

02 마틴 루터 킹은 몇 세의 나이로 죽었나요?

　□ 가. 39세　　　　　□ 나. 40세

　□ 다. 41세　　　　　□ 라. 42세

03 마틴 루터 킹은 무엇을 위해 평생 힘을 썼나요?

　□ 가. 백인들을 괴롭히기 위해

　□ 나. 아버지를 따라 목사가 되기 위해

　□ 다. 노벨평화상을 받기 위해

　□ 라. 불평등한 사회를 바꾸기 위해

04 마틴 루터 킹은 무슨 상을 받았나요?

　□ 가. 노벨평화상　　　□ 나. 노벨문학상

　□ 다. 노벨경제학상　　□ 라. 노벨물리학상

2 가치관 리스트

　사람은 반드시 자신이 무엇을 원하는지 명확하게 알고 자신에게 필요한 것을 찾아야만 자신만의 진정한 인생을 만들 수 있습니다. 여러분은 자신의 인생에서 가장 중요한 것과 가장 가치 있는 것을 알고 있나요? 한번 생각해보세요. 그리고 목표를 중간목표와 최종목표로 구분해야 합니다. 돈을 벌어서 물건을 사는 일을 생각해보죠. 돈을 버는 것은 물건을 사기 위해 거쳐야 하는 중간목표일 뿐이고 물건을 산 후 얻는 즐거움이 최종목표입니다. 이렇게 생각하면 더욱 명확한 인생의 방향과 목표를 가질 수 있게 됩니다.

01 성공한 인생을 살기 위해 우선 무엇을 세워야 하나요?

☐ 가. 확실한 가치관　　　☐ 나. 모호한 가치관

☐ 다. 진실한 가치관　　　☐ 라. 올바른 가치관

02 실패한 인생을 만들 수 있는 가치관은 무엇인가요? (정답을 모두 고르세요)

☐ 가. 돈은 모든 문제를 해결할 수 있다.

☐ 나. 일만 하면 되므로 건강은 생각하지 않아도 된다.

☐ 다. 성공을 위해서라면 수단과 방법을 가리지 않아도 된다.

☐ 라. 내 인생의 운명은 정해져 있고 바꿀 수 없다.

☐ 마. 다양한 방법을 찾는 것이 문제해결에 도움이 된다.

☐ 바. 주변 사람들과 함께 일을 즐길 수 있다.

☐ 사. 나의 지혜와 재능으로 문제를 해결할 수 있다.

☐ 아. 내가 일하는 방법에 다른 사람이 참견하는 것이 싫다.

☐ 자. 하고자 하는 것을 이루면 명예는 따라오기 마련이다.

☐ 차. 내 인생의 목표는 재산을 늘리는 것이다.

03 자신만의 진정한 인생을 만들려면 어떻게 해야 할까요?

☐ 가. 부모님이 진정으로 원하는 것이 무엇인지 알아야 한다.

☐ 나. 자신이 진정으로 원하는 것이 무엇인지 알아야 한다.

☐ 다. 현재 재산이 얼마인지 알아야 한다.

☐ 라. 가장 성공한 사람의 인생을 무조건 따라해야 한다.

04 인생에서 진정 이루어야 할 것은 무엇인가요?

☐ 가. 중간목표　　　☐ 나. 최종목표

☐ 다. 중기목표　　　☐ 라. 단기목표

05 나의 가치관 리스트

다음의 가치관들을 보고 자신에게 필요하다고 생각하면 5점, 필요하지 않다고 생각하면 1점으로 점수를 표시하세요.

가치관	1 (전혀 필요하지 않다)	2 (조금 필요하지 않다)	3 (보통이다)	4 (어느 정도 필요하다)	5 (매우 필요하다)
건강한 몸과 마음	☐	☐	☐	☐	☐
봉사정신	☐	☐	☐	☐	☐
사랑하는 마음	☐	☐	☐	☐	☐
휴식활동	☐	☐	☐	☐	☐
아름다운 외모	☐	☐	☐	☐	☐
탁월한 성공	☐	☐	☐	☐	☐
명예로운 지위	☐	☐	☐	☐	☐
나를 인정하는 친구	☐	☐	☐	☐	☐
종교활동	☐	☐	☐	☐	☐
즐겁게 사는 것	☐	☐	☐	☐	☐
다른 사람을 존중하는 것	☐	☐	☐	☐	☐
맑은 공기	☐	☐	☐	☐	☐
사람들에게 인정받는 것	☐	☐	☐	☐	☐
여유로운 생활	☐	☐	☐	☐	☐
민주주의	☐	☐	☐	☐	☐
마음의 평화	☐	☐	☐	☐	☐
나만의 공간	☐	☐	☐	☐	☐
내 일에 책임을 지는 것	☐	☐	☐	☐	☐
경제적인 여유	☐	☐	☐	☐	☐
세계의 평화	☐	☐	☐	☐	☐
화목한 가정	☐	☐	☐	☐	☐
뛰어난 지혜	☐	☐	☐	☐	☐
도전정신	☐	☐	☐	☐	☐
독립적인 생활	☐	☐	☐	☐	☐
자아실현	☐	☐	☐	☐	☐
안정적인 직장	☐	☐	☐	☐	☐
새로운 지식을 배우는 것	☐	☐	☐	☐	☐
새로운 것을 발명하는 것	☐	☐	☐	☐	☐
여러 사람과 협력하는 것	☐	☐	☐	☐	☐
공중도덕	☐	☐	☐	☐	☐
부모님께 효도하는 것	☐	☐	☐	☐	☐
기타	☐	☐	☐	☐	☐

3 가치관 우선순위 정하기

가치관 리스트를 명확하게 알고 있으면 자신이 부족한 능력을 키울 뿐만 아니라 자신이 원하는 많은 목표를 알 수 있어요. 일단 자신의 가치관을 잘 파악한 다음 중요도에 따라 우선순위를 매기세요. 그리고 그 가치관에 따라서 생활해야 합니다. 그러면 여러 가치관들이 충돌할 때 자신을 대신해서 선택을 도와줄 것입니다. 만약 공중도덕을 경제적 여유보다 높은 순위로 정했다면 도덕기준이 경제수입보다 더 중요하다는 것을 나타내요.

01 가치관에 우선순위를 매기면 어떤 점이 좋은가요?

☐ 가. 친구들과 비교해서 자랑할 수 있다.

☐ 나. 부모님께 칭찬받을 수 있다.

☐ 다. 공부하지 않아도 성적이 오를 수 있다.

☐ 라. 자신에게 중요한 것을 쉽게 결정할 수 있다.

02 자신이 중요하게 생각하는 가치관은 우선순위의 어디에 위치해야 하나요?

☐ 가. 첫 번째

☐ 나. 두 번째

☐ 다. 중간부분

☐ 라. 마지막 부분

03 만약 공부를 최우선 가치관이라고 정했다면 화재가 발생했을 때 어떤 물건을 챙겨야 하나요?

☐ 가. 게임기

☐ 나. 학습교재

☐ 다. 텔레비전

☐ 라. 옷

04 나의 가치관 우선순위

자신이 중요하게 생각하는 가치관들을 떠올려보세요. 그리고 순서대로 아래의 빈 칸에 적고 점수를 주세요. 전체 가치관들의 합이 100이 되도록 하고 자신이 생각하는 중요도에 따라 높은 점수를 주면 됩니다.

(1) _____   (2) _____   (3) _____

(4) _____   (5) _____   (6) _____

(7) _____   (8) _____   (9) _____

4 가치관 바꾸기

만약 자신의 행동이 마음과 반대로 어쩔 수 없이 이루어진다면 마음속에서는 갈등이 생겨나고 성공도 멀어질 것입니다. 가족이 화목하게 지내는 것의 중요성을 알면서도 동생과 싸우는 것처럼 말이죠. 그러므로 영원히 즐겁게 살고 성공하고 싶다면 올바른 가치관을 세우는 것이 무엇보다 중요해요. 올바른 가치관은 항상 자신을 도와주고 옳은 길로 이끌어주며 북돋워줍니다. 이때 가치관의 변화에 주목해야 해요. 어떤 가치관이 꾸준히 자신을 즐겁게 하고 풍요롭게 하는지도 검토해야 해요. 또 성공한 사람들의 가치관을 본받고 자신의 능력을 키우는 데 도움이 되는 책을 많이 읽어야 합니다. 가치관은 더하거나 뺄 수 있다는 것을 기억하세요. 그리고 어떤 특정한 가치관의 우선순위를 바꿀 수도 있어요. 모든 결정은 스스로 할 수 있습니다. 왜냐하면 자신의 인생은 자신이 주인공이기 때문입니다.

01 만약 행동과 마음이 잘 일치하지 않으면 어떤 일이 생기나요?

☐ 가. 마음속에서 조절하게 된다.

☐ 나. 마음속에서 갈등이 생긴다.

☐ 다. 마음속에 편안함이 생긴다.

☐ 라. 마음속에 슬픔이 생긴다.

02 영원히 즐겁고 성공하면서 살려면 어떻게 해야 하나요?

□ 가. 좋아하는 가치관에 따라 생활한다.

□ 나. 다른 사람의 가치관에 따라 생활한다.

□ 다. 가치관의 우선순위에 상관없이 생활한다.

□ 라. 올바른 가치관에 따라 생활한다.

03 올바른 가치관은 무엇인가요?

□ 가. 항상 자신을 도와주고 옳은 길로 이끌어주며 북돋워준다.

□ 나. 다른 사람의 도움을 이끌어낸다.

□ 다. 순조롭고 편한 인생이 되도록 도와준다.

□ 라. 자신을 힘들게 하고 어려운 일이 생기면 포기하게 만든다.

04 좋지 않은 가치관은 어떻게 수정할 수 있나요? (정답을 모두 고르세요)

□ 가. 자신의 과거를 돌이켜본다.

□ 나. 성공한 사람을 본받는다.

□ 다. 좋은 습관을 없앤다.

□ 라. 위대한 사람들에게서 배운다.

□ 마. 실패의 교훈을 잊는다.

□ 바. 자신의 능력을 키우는 데 도움이 되는 책을 읽는다.

05 누가 자신의 가치관을 결정하나요?

□ 가. 좋은 친구

□ 나. 하나님

□ 다. 자신

□ 라. 부모님

제 10과 학습 포인트

✓ 가치관 리스트는 자신이 가장 바라는 것이 무엇인지 나타낸다.

✓ 가치관 우선순위는 가치관을 그 중요도에 따라 순서를 매기는 것이다.

✓ 올바른 가치관에 따라 생활해야 성공과 즐거움을 누릴 수 있다.

✓ 나는 나의 모든 것을 결정할 수 있다.

11 | 자신 알아가기—나의 꿈(1)

돈이 없는 사람보다 이루고자 하는 꿈이 없는 사람이 가장 불쌍하다.

'만약 당신에게 꿈이 없다면 어떻게 아름다운 꿈을 이루겠는가' 라는 말이 있어요. 이 말은 꿈이 있어야 비로소 희망을 가질 수 있고, 그것을 이루는 기회를 가질 수 있다는 것입니다. 만약 당신이 꿈을 이루려면 먼저 꿈이 있어야 합니다. 모든 사람들은 마음 속으로 꿈을 가져본 적이 있어요. 여러분도 커서 무엇을 하고 싶다고 바랐던 적은 없는지 생각해보세요. 우주비행사, 과학자, 의사, 선생님, 간호사, 목사, 경찰, 군인, 변호사, 연예인…

1 스티븐 스필버그의 '꿈 공장'

헐리우드의 스티븐 스필버그 (Steven Spielberg)는 오늘날 가장 성공한 영화감독일 거예요. 영화에 대한 스필버그의 열정은 8살부터 시작되었고, 13살에는 어머니가 구입한 8mm 카메라로 첫 작품을 찍었어요. 17살에는 처음으로 유니버셜 영화사를 구경하게 되었어요. 그런데 재미있는 것은 출입허가증도 없이 매일 양복을 차려입고 공문봉투를 손에 들고 직원인 것처럼 매일 영화사에 출근했답니다. 그리고 영화감독, 작가 등과 함께 일했어요. 또 빈 사무실을 마음대로 사용했고 문 입구에는 자신의 이름을 걸어놓기까지 했어요. 스필버그의 영화에 대한 열정은 계속 그를 앞으로 나아가게 했고 많은 사람들이 좋아하는 영화를 찍을 수 있게 한 것입니다. 영화에 대한 열정과 끈질김, 실행이 결국 어린 시절의 꿈을 이룰 수 있게 했습니다.

01 스필버그는 몇 살 때부터 영화에 열광하기 시작했나요?

☐ 가. 7살   ☐ 나. 8살

☐ 다. 9살   ☐ 라. 10살

02 스필버그는 몇 살 때 첫 작품을 촬영했나요?

☐ 가. 13살   ☐ 나. 14살

☐ 다. 15살   ☐ 라. 16살

03 스필버그의 영화에 대한 열정은 그에게 어떤 과감한 행동을 하도록 했나요?

(정답을 모두 고르세요)

☐ 가. 많은 사람들이 좋아하는 영화를 찍을 수 있게 했다.

☐ 나. 마음대로 빈 사무실을 사용했다.

☐ 다. 유니버설 영화사를 구경했다.

☐ 라. 출입허가증도 없이 직원처럼 매일 영화사에 출근했다.

☐ 마. 자신이 차지한 사무실 입구에 자신의 이름을 내걸었다.

☐ 바. 감독과 작가 등의 사람들과 함께 일했다.

05 영화에 대한 스필버그의 어떤 태도가 어릴 적 꿈을 이루게 했나요?

(정답을 모두 고르세요)

☐ 가. 끈질김   ☐ 나. 원망

☐ 다. 실행   ☐ 라. 집착

☐ 마. 괴팍함   ☐ 바. 열정

2 꿈

　　'사람은 꿈이 있기에 위대해진다' 는 말이 있어요. 마음속에 있는 꿈을 이루기 위해 노력하는 사람들이 모여 인류의 문명은 계속 발전합니다. 지금 책상 위에 있는 스탠드, 컴퓨터, 책 등 눈앞에 있는 모든 것은 어떤 사람의 머릿속에 있던 꿈에서 시작된 것입니다. 일상생활에서 만나게 되는 집, 도로, 학교, 자동차, 비행기 같은 것들은 실제로 이루어지기 전에는 그저 하나의 생각일 뿐입니다. 하지만 그 생각을 한 사람들이 무한한 희망을 품고 용감하게 노력하고 전진했기 때문에 생각이 현실로 나타날 수 있었던 것입니다. 이를 통해 온 힘을 다해 앞으로 나아갈 결심을 하고 자신 안에 숨어 있는 능력을 최대한 끌어내어 모든 어려움을 극복하면 인생이 더 큰 의미를 가질 수 있어요.

01 꿈을 이루려면 가장 먼저 무엇을 해야 하나요?
　　□ 가. 절대 뜻을 굽히지 않는다.
　　□ 나. 꿈을 가진다.
　　□ 다. 열심히 노력한다.
　　□ 라. 어려움을 참고 이긴다.

02 사람들은 꿈을 가짐으로써 무엇을 얻을 수 있었나요?
　　□ 가. 가족의 화목함이 깨졌다.
　　□ 나. 전쟁이 발생했다.
　　□ 다. 자연환경이 바뀌었다.
　　□ 라. 문명이 계속 발전했다.

03 사람들의 꿈으로 만들어진 것이 아닌 것은 무엇인가요?
　　□ 가. 태양　　　　　□ 나. 교회
　　□ 다. 기차　　　　　□ 라. 컴퓨터
　　□ 마. 영화　　　　　□ 바. 비행기

04 생활 속의 모든 일들은 현실로 이루어지기 전에는 무엇이었나요?

☐ 가. 음악　　　☐ 나. 이야기

☐ 다. 마음　　　☐ 라. 생각

05 '큰 꿈을 꾸는' 것은 어떤 좋은 점이 있나요? (정답을 모두 고르세요)

☐ 가. 전진할 수 있는 힘을 준다.

☐ 나. 노력할 수 있는 목표를 제시한다.

☐ 다. 온 힘을 다해 앞으로 나아갈 결심을 가지게 한다.

☐ 라. 노력의 방향을 제시한다.

☐ 마. 모든 어려움을 극복하게 한다.

☐ 바. 인생이 큰 의미를 가지도록 한다.

☐ 사. 무한한 희망을 품도록 한다.

☐ 아. 잠재된 능력을 최대한 끌어올리도록 도와준다.

3 비전

　　비전(Vision)은 꿈(Dream)에서 시작해요. 비전은 머릿속에서 그린 미래의 모습이라고 할 수 있어요. 실제로 모든 위대한 발전은 머릿속에서 보았던 바람, 즉 비전에서 시작됩니다. 화가는 캔버스에 붓을 대기 전에 한 폭의 아름다운 그림을 머릿속에서 그려보고, 건축가는 건축물을 설계하기 전에 마음속으로 건축물의 전체모습을 그려봅니다. 작곡가는 작곡하기 전에 이미 완성된 작품을 상상으로 듣습니다. 빌 게이츠는 컴퓨터의 대중화를, 월트 디즈니는 상상력을 키울 수 있는 놀이동산을 그려본 것처럼 말이죠. 비전을 세우는 것은 인생이라는 하나의 산에 오르는 것과 같아요. 항상 머리를 들어 산의 정상을 바라보고 한 걸음 한 걸음 나아가도록 해야 합니다.

01 비전은 어디에서 시작되나요?

☐ 가. 시기　　　☐ 나. 질투

☐ 다. 모방　　　☐ 라. 꿈

111

02 비전은 무엇인가요?

☐ 가. 꿈에서 본 과거의 모습이다.

☐ 나. 머릿속에서 그린 미래의 모습이다.

☐ 다. 머릿속에서 떠오르는 현재의 모습이다.

☐ 라. 꿈에서 본 가상의 모습이다.

03 만약 인생이 산을 오르는 것과 같다면 우리의 비전은 어떤 곳이 되어야 할까요?

☐ 가. 정상 ☐ 나. 산중턱

☐ 다. 산기슭 ☐ 라. 산비탈

04 빌 게이츠(Bill Gate)의 비전은 무엇일까요?

☐ 가. 세계 모든 가정의 책상에 개인 스탠드를 두는 것.

☐ 나. 세계 모든 가정의 책상에 개인 컴퓨터를 두는 것.

☐ 다. 세계 모든 가정의 책상에 개인 전화기를 두는 것.

☐ 라. 세계 모든 가정의 책상에 개인 텔레비전을 두는 것.

05 미국의 흑인인권운동가 마틴 루터 킹(Marthin Luther King Jr.)의 비전은 무엇일 까요?

☐ 가. 미국의 대통령이 되는 것.

☐ 나. 미국에 사는 흑인이 새로운 나라를 세우는 것.

☐ 다. 흑인과 백인이 함께 식사를 하며 형제의 우애를 나누는 것.

☐ 라. 미국에서 백인이 사라지는 것.

06 월트 디즈니(Walt Disney)의 비전은 무엇일까요?

☐ 가. 어른과 아이가 즐겁게 상상력을 키울 수 있는 놀이동산을 만드는 것.

☐ 나. 어른과 아이가 즐겁게 상상력을 키울 수 있는 학교를 만드는 것.

☐ 다. 어른과 아이가 즐겁게 상상력을 키울 수 있는 우주선을 만드는 것.

□ 라. 어른과 아이가 즐겁게 상상력을 키울 수 있는 박물관을 만드는 것.

07 다음 중 마음속에 비전을 가진 건축가는 누구인가요?

　　□ 가. 돌을 다듬고 있다고 생각하는 건축가

　　□ 나. 돌기둥을 세우고 있다고 생각하는 건축가

　　□ 다. 지붕을 만들고 있다고 생각하는 건축가

　　□ 라. 아름다운 교회를 짓고 있다고 생각하는 건축가

4 사명

　　사명(Mission)은 무엇일까요? 사명은 바로 자신이 살아 있는 이유이고 자신이 매일아침 일어나는 이유입니다. 사명은 다른 사람이 만들어주는 것이 아니라 '관찰과 발견'을 통해 인생의 중요한 사건에서 스스로 얻는 것입니다. 일단 완전하게 자신의 사명을 이해해야 자신의 인생이 진정한 출발을 할 수 있어요. 만약 여러분의 타고난 재능이 신이 내려준 선물이라면 여러분의 사명은 바로 그 선물을 가지고 세상에 이바지하는 것입니다. 테레사 수녀의 사명은 불쌍한 사람을 돕고 하나님을 믿게 하는 것이고, 간디는 평화적인 방법으로 인도를 독립시키는 것이었어요. 사명은 사람마다 다르고 각자가 완성해야 하는 특정한 임무이며 다른 사람이 대신해줄 수 없어요. 인생은 한 번뿐입니다. 그렇기에 인생의 사명을 완성하는 기회 또한 단 한 번뿐입니다.

01 사명이란 무엇인가요?

　　□ 가. 자신이 괴로운 이유

　　□ 나. 자신이 기쁜 이유

　　□ 다. 자신이 살아 있는 이유

　　□ 라. 자신이 슬픈 이유

02 자신의 사명은 어떻게 발견할 수 있나요?

    ☐ 가. 관찰과 발견을 통해서

    ☐ 나. 감상과 발표를 통해서

    ☐ 다. 우연한 기회를 통해서

    ☐ 라. 다른 사람이 정해준 것을 통해서

03 만약 자신의 사명을 알지 못한다면 인생은 어떻게 변할까요?

    ☐ 가. 생기가 없다.

    ☐ 나. 즐거워진다.

    ☐ 다. 희망이 가득하다.

    ☐ 라. 의미가 없다.

04 사명은 어떤 특징을 가지고 있나요? (정답을 모두 고르세요)

    ☐ 가. 자신의 타고난 재능으로 세상에 이바지한다.

    ☐ 나. 모든 사람들이 서로 다르다.

    ☐ 다. 완성할 수 있는 기회는 한 번뿐이다.

    ☐ 라. 신이 내려준 재능으로 이룬다.

    ☐ 마. 진정한 인생을 시작할 수 있다.

    ☐ 바. 다른 사람이 대신할 수 없다.

05 테레사 수녀 (Mother Teresa)의 사명은 무엇인가요?

    ☐ 가. 가난하고 아프며 생활이 어려운 사람들을 도와주고 하나님을 받아들이게 한다.

    ☐ 나. 건강하고 생활이 편하고 한가로운 사람들을 도와주고 하나님을 받아들이게 한다.

    ☐ 다. 행복하고 생활이 즐거운 사람을 도와주고 하나님을 받아들이게 한다.

    ☐ 라. 부유하고 생활이 풍요로운 사람을 도와주고 하나님을 받아들이게 한다.

06 마하트마 간디의 사명은 무엇인가요?

□ 가. 시위로 인도의 독립을 이룬다.

□ 나. 투쟁으로 인도의 독립을 이룬다.

□ 다. 평화적인 방법으로 인도의 독립을 이룬다.

□ 라. 폭력으로 인도의 독립을 이룬다.

 제 11과 학습 포인트

✓ 꿈을 이루려면 반드시 꿈을 가져야 한다.

✓ 사람은 꿈이 있기 때문에 위대해진다.

✓ 비전은 머릿속에서 그려보는 미래의 모습이다.

✓ 사명은 우리가 살아 있는 이유이다.

12 | 자신 알아가기 – 나의 꿈(2)

꿈이 있고 반드시 노력하여 꿈을 이룬 사람에게 기쁨이 돌아간다.

적합한 토양, 햇빛, 적당한 온도와 습도만 있으면 소나무는 5~6층 건물보다 더 높게 자랄 수 있어요. 그러나 화분 안에서 자라는 소나무는 아무리 오랜 시간 성장해도 30~40센티미터밖에 자라지 못해요. 대부분의 사람들도 소나무와 같습니다. 평생 다른 사람의 보호를 받고 꿈을 이룰 방법은 생각하지 않으면서 자신의 한계를 정해버리고 그저 꿈을 이루지 못하는 핑계만 늘어놓기에 바쁩니다.

1 빌 게이츠의 꿈

세계적인 기업 마이크로소프트의 빌 게이츠는 자수성가한 기업가이자 세계적인 재벌인 뿐만 아니라, 회사의 경영에 있어서도 기적을 이룬 전설적인 사람이기도 합니다. 70년대에 빌 게이츠는 하버드대학에서 공부를 했어요. 그때는 그저 평범한 학생일 뿐이었죠. 하지만 빌 게이츠는 곧 컴퓨터가 텔레비전처럼 많은 가정에 보급될 것이라고 굳게 믿었고, 모든 가정의 책상에 개인컴퓨터가 놓이는 것을 꿈꿨어요. 컴퓨터가 훌륭한 작업도구가 될 것이라는 꿈을 가진 것이죠. 그것이 바로 그가 바라는 평생의 꿈이었습니다. 빌 게이츠는 지혜와 상상으로 세계에 새로운 문을 열어주었어요. 그의 성공을 통해 열심히 노력하고 자신을 믿으면 꿈을 이룰 수 있다는 것을 알 수 있습니다.

01 빌 게이츠가 창립한 세계적인 회사는 무엇인가요?

　　□ 가. 아이비엠(IBM)

　　□ 나. 휴렛패커드(HP)

　　□ 다. 야후(Yahoo)

　　□ 라. 마이크로소프트(Micorsoft)

02 빌 게이츠는 어느 대학에서 공부했나요?

　　□ 가. 예일대학교

　　□ 나. 버클리대학교

　　□ 다. 하버드대학교

　　□ 라. 스탠포드대학교

03 빌 게이츠는 미래에 컴퓨터가 어떻게 될 것이라고 믿었나요?

　　□ 가. 영화처럼 많은 가정에 보급될 것이다.

　　□ 나. 텔레비전처럼 많은 가정에 보급될 것이다.

　　□ 다. 자동차처럼 많은 가정에 보급될 것이다.

　　□ 라. 비행기처럼 많은 가정에 보급될 것이다.

04 빌 게이츠의 꿈은 무엇인가요?

　　□ 가. 컴퓨터를 훌륭한 작업도구로 만드는 것.

　　□ 나. 컴퓨터를 완전한 계산기로 만드는 것.

　　□ 다. 컴퓨터를 매우 크게 만드는 것.

　　□ 라. 컴퓨터를 훌륭한 게임기로 만드는 것.

05 빌 게이츠의 성공에서 무엇을 배울 수 있나요?

　　□ 가. 열심히 노력하고 운명을 믿으면 꿈은 이루어진다.

　　□ 나. 열심히 노력하고 가족을 믿으면 꿈은 이루어진다.

□다. 열심히 노력하고 다른 사람을 믿으면 꿈은 이루어진다.

□라. 열심히 노력하고 자신을 믿으면 꿈은 이루어진다.

2 나의 꿈

인생의 진정한 꿈은 자신의 일에 대해 기대하는 큰 꿈이에요. 인생의 꿈은 자신이 바라는 생활방식, 어떤 사람이 되고 싶다는 마음, 세상에 이바지할 수 있는 무엇, 자신의 포부 등을 말합니다. 여러분은 자신이 산과 들을 내려다보는 하늘과 같다고 상상할 수도 있고 아무런 제약을 받지 않는다고 상상할 수도 있어요. 상상은 미래에 무엇이든 될 수 있다고 생각하는 것입니다. 즉 자신이 훌륭한 음악가, 위대한 사업가 같은 성공을 이루리라는 꿈을 가질 수 있어요. 그리고 그런 모든 꿈은 이루어질 수 있습니다. 모든 일에는 '가능성'이 있기 때문이에요. 지금 여러분의 가슴에 꿈을 품어보세요. 그리고 그것이 이루어지도록 열심히 노력하고 자신의 인생이 무한한 희망으로 가득 차게 만드세요.

01 인생의 진정한 꿈은 무엇인가요? (정답을 모두 고르세요)

□가. 나의 포부는 무엇인가?

□나. 나는 무엇을 버리기를 원하는가?

□다. 내가 바라는 생활방식은 무엇인가?

□라. 나는 어떤 사람이 되고 싶은가?

□마. 내가 공헌할 수 있는 것은 무엇인가?

□바. 나는 어떤 외모를 가지고 있는가?

02 인생의 꿈은 어떤 특징이 있나요? (정답을 모두 고르세요)

□가. 모든 꿈은 실현될 수 있다.

□나. 미래에 대한 상상을 제한한다.

□다. 모든 일은 가능성이 있다.

□라. 미래의 제한된 가능성을 상상한다.

□ 마. 자신에게 어떤 제약도 없다고 상상한다.

□ 바. 미래에 무엇이든 될 수 있다고 상상한다.

03 여러분이 이루고자 하는 꿈을 적어보세요.

⟨예⟩ : 대학을 졸업하고 1년 동안 유럽 배낭여행을 떠난다.

20년 뒤 유니세프 홍보대사가 되어 전 세계에 내 이름을 알린다.

_____

_____

_____

_____

_____

3 나의 비전(살아가면서 이루고 싶은 목표)

비전은 머릿속에서 그려보는 미래의 모습이에요. 신대륙을 개척한 콜롬버스는 배에 향로와 황금을 가득 싣고 스페인으로 돌아오는 모습을 스페인여왕에게 생동감 있게 잘 묘사해서 여행을 떠나도록 도움을 받았어요. 이처럼 상상력을 이용해서 자신의 꿈이 이루어지는 모습을 미리 볼 수 있습니다. 선생님이 되고 싶다면 학생들과 이야기꽃을 피우면서 수업하는 모습을 상상하면 됩니다. 머릿속 장면이 분명해질수록 여러분의 행동은 자신도 모르게 변하게 되고 결국 꿈을 이룰 수 있는 기회가 여러분에게 주어질 거예요.

01 스페인여왕은 왜 콜롬버스에게 여행을 떠나도록 도와줬나요?

□ 가. 배에 향로와 황금을 가득 싣고 스페인으로 돌아오는 모습을 아무 느낌 없이 묘사했기 때문이다.

□ 나. 배에 향로와 황금을 가득 싣고 스페인으로 돌아오는 모습을 너무 재미없게 묘사했기 때문이다.

□ 다. 배에 향로와 황금을 가득 싣고 스페인으로 돌아오는 모습을 생동감 있게

잘 묘사했기 때문이다.

□ 라. 배에 향로와 황금을 가득 싣고 스페인으로 돌아오는 모습을 슬프게 묘사했기 때문이다.

02 자신의 꿈이 이뤄지는 미래의 모습은 무엇을 이용해서 볼 수 있나요?

□ 가. 분석력

□ 나. 기억력

□ 다. 이해력

□ 라. 상상력

03 만약 사업가가 되고 싶다면 성공한 모습은 어떠할까요?

□ 가. 학생들과 함께 공부하는 모습

□ 나. 난민촌에서 불쌍한 사람들을 돕는 모습

□ 다. 매우 큰 규모의 사업을 계약하는 모습

□ 라. 친구들과 함께 놀이동산에서 노는 모습

04 머릿속에서 그리는 모습이 분명해질수록 어떤 영향을 주나요?

□ 가. 자신도 모르게 자신의 행동이 점점 바뀐다.

□ 나. 자신도 모르게 자신의 나쁜 습관이 많아진다.

□ 다. 자신도 모르게 자신의 목표가 점점 바뀐다.

□ 라. 자신도 모르게 자신의 인상이 점점 바뀐다.

05 나의 비전여행

자신이 꿈을 이루었다고 상상하면서 지금 보고, 듣고, 느끼는 기분을 상상해보세요. 지금 무엇을 얘기하고 있나요? 무엇을 하고 있나요? 무엇을 생각하고 있나요? 누구와 함께 있나요? 그들은 누구인가요?

이 아름답고 즐거운 장면을 마음속 깊이 새기고 그것을 꼭 기억해두세요. 나중에 여러분이 꿈을 생각하면 머릿속에서는 자동적으로 그 장면이 떠오를 것입니다. 그 장면들은 모든 어려움을 극복하고 꿈을 향해서 똑바로 나아가도록 도와줄 것입니다.

4 나의 사명(살아가는 이유와 목적)

예수님은 2,000년 전에 한 마디의 말로 자신의 사명을 알렸어요. '나는 사람들에게 생명을 주러 왔노라. 그 생명을 더욱 풍성하게 하노라.' 그 후 자신의 사명에 따라 모든 일을 이루었어요. 이처럼 사명은 자신의 인생목표와 평생에 걸쳐 이루고자 하는 것을 한두 마디로 표현할 수 있습니다. 자신의 지나온 인생, 자신의 가치관, 인생의 전환점, 힘들었던 경험, 꿈결 같은 생각들과 환상, 다른 사람의 어려움, 자신의 성격 등을 바탕으로 표현해보세요. 그리고 자신의 인생에서 어떤 희망을 가지고 자신이 어떤 역할을 했는지 생각해보세요. 자신의 사명을 찾으려면 마음을 차분히 가라앉히고 마음속의 작은 소리를 들어야 합니다. 인생이라는 여행에서 자신의 사명을 정확하게 알아야만 인생이 의미를 가질 수 있습니다.

01 사명을 발견하는 데 도움을 주는 것은 무엇인가요? (정답을 모두 고르세요)

☐ 가. 꿈결 같은 생각들과 환상

☐ 나. 힘들었던 경험

☐ 다. 자신의 성격

☐ 라. 지나온 인생

☐ 마. 다른 사람의 어려움

☐ 바. 자신의 가치관

☐ 사. 인생의 전환점

02 사명은 희망을 가지고 무엇을 잘하는 것인가요?

☐ 가. 인생의 역할   ☐ 나. 인생의 걱정

☐ 다. 인생의 계획   ☐ 라. 인생의 극본

03 어려서부터 가족들이 병으로 고통 받는 것을 본 사람은 어떤 사명을 가질 수 있나요?

☐ 가. 의사가 되어서 모든 병균을 없앤다.

☐ 나. 의사가 되어서 많은 사람들에게 돈을 벌어준다.

☐ 다. 의사가 되어서 환자의 고통을 없애준다.

☐ 라. 의사가 되어서 많은 돈을 번다.

04 범죄를 정말 싫어하는 사람은 어떤 사명을 가질 수 있나요?

☐ 가. 변호사가 되어서 불쌍한 사람을 돕는다.

☐ 나. 경찰이 되어서 범죄자를 체포한다.

☐ 다. 의사가 되어 아픈 사람을 치료한다.

☐ 라. 군인이 되어서 나라를 지킨다.

05 자신의 사명을 어떻게 발견할 수 있나요?

☐ 가. 마음을 차분히 가라앉히고 마음속의 작은 떨림을 느낀다.

☐ 나. 마음을 차분히 가라앉히고 마음속의 작은 지시를 이해한다.

☐ 다. 마음을 차분히 가라앉히고 마음속의 작은 변화를 느낀다.

☐ 라. 마음을 차분히 가라앉히고 마음속의 작은 소리를 듣는다.

06 나의 사명선언문(Mission Statement)

사명선언문은 자신의 인생에서 가장 중요한 문장입니다. 여러분도 사명을 선언하는 사람이 될 수 있어요. 그것은 자신의 인생에서 가장 가치 있는 원칙이고 사명을 선언하는 것은 자신을 격려하여 계속 앞으로 나아가도록 하기 위함입니다. 사명선언은 옳고 그름의 구분이 없습니다. 그저 자신에 대해서 쓰는 것입니다. 이것은 진정한 자아, 여러분이 성공하길 바라는 장면을 설명할 것입니다. 지금, 시간을 내어 조용한 장소에서 시작하십시오.

예 : 불쌍한 어린이들을 위해서 평생 봉사하면서 산다.

주변 사람들의 안 좋은 습관들을 바꾼다.

고객을 위해 수준 높고 친절한 서비스를 제공한다.

나의 재능으로 다른 사람들이 꿈을 이룰 수 있도록 도와준다.

가족들의 생활을 행복하게 만들어준다.

자신의 전문분야에서 최고가 되도록 한다.

정정당당하게 살고 사회에 공헌한다.

자녀들이 인생의 도전과 유혹을 이겨내도록 도와준다.

신에 대한 믿음을 성실히 지키고 복음을 전파한다.

세계 최고의 건축가가 되어 지구를 더욱 아름답게 만든다.

훌륭한 의사가 되어서 가난한 사람들을 치료해준다.

나의 사명선언문

_____

_____

_____

_____

_____

_____

_____

 제 12과 학습 포인트

✓ 인생의 비전은 일생에 대한 기대와 평생의 큰 꿈이다.

✓ 꿈을 그려보는 것은 자신의 성공을 미리 경험해보는 것이다.

✓ 사명은 자신의 인생에서 평생에 걸쳐 이루고자 하는 것을 나타내는 것이다.

환경 알아가기-나를 둘러싼 것들(1)

모든 것이 빠르게 변하는 시대에 사는 사람들은 모두 새로운 규칙과 마주치게 된다.

과학과 경제가 빠르게 발전하면서 사회는 하루가 다르게 바뀌고 있어요. 변화의 흐름을 파악하고 더 나아가 사전에 준비한다면 자신의 인생을 발전시킬 좋은 기회를 가질 수 있고 더 큰 성과를 거둘 수 있어요. 반대로 시대의 흐름을 거스르고 사회의 요구를 무시한다면 많은 노력을 들이고도 성과는 미미하며 심지어 아무 일도 이루지 못할 수도 있어요.

1 물이 부족한 마을 이야기

옛날 아름다운 마을이 있었어요. 안타깝게도 이 마을은 식수가 부족하여 마을 사람들을 힘들게 했어요. 이를 해결하기 위해 마을 사람들은 두 사람을 초청해서 식수문제를 해결하도록 했어요. 초청된 사람 중 한 명인 한울은 즉시 두 개의 물통을 샀어요. 4킬로미터나 떨어진 호수를 매일같이 오가면서 물을 길어 마을로 가져와 팔았습니다. 그는 다른 사람보다 일찍 일어나고 쉬는 날에도 열심히 일을 했습니다. 초청된 다른 한 사람은 바로 단비였어요. 그는 마을로 온 후 몇 주에 걸쳐 녹이 슬지 않는 수도관을 만들었어요. 그리고 수도관을 호수에서 마을까지 연결했습니다. 단비의 물은 한울의 물보다 깨끗했고 24시간 끊이지 않아 싸게 팔 수 있었습니다. 이러한 장점 때문에 마을 사람들은 즐겁게 단비의 물을 사서 쓸 수 있었어요. 단비의 물

은 양이 많고 끊이지 않아 쾌적한 생활을 도와준 것이죠. 덕분에 한울은 물을 길어
오는 일을 그만 두게 되었어요.

01 한울은 자신의 경쟁력을 높이기 위해 어떻게 했나요?

☐ 가. 더 싸게 팔았다.

☐ 나. 더 열심히 일했다.

☐ 다. 더 많은 물통을 팔았다.

☐ 라. 더 많은 사람을 불렀다.

02 단비의 물은 어떤 장점이 있었나요?

(정답을 모두 고르세요)

☐ 가. 물이 끊이지 않는다.

☐ 나. 수도관을 사용하지 않았다.

☐ 다. 더욱 쉽게 운반할 수 있다.

☐ 라. 더 깨끗하다.

☐ 마. 더 저렴하다.

☐ 바. 더 믿을 만하다.

03 단비의 성공에서 무엇을 깨달을 수 있나요?

(정답을 모두 고르세요)

☐ 가. 물통을 사용해서 물을 나를 필요가 없다.

☐ 나. 더욱더 열심히 노력해서 일해야 한다.

☐ 다. 가격을 낮추어서 경쟁에서 이겨야 한다.

☐ 라. 더 많은 노동자를 불러야 한다.

☐ 마. 생각하는 힘이 경쟁력을 높일 수 있다.

☐ 바. 기타 _____

2 지식사회

인류문명의 발전은 수렵사회, 농경사회, 공업사회 그리고 오늘날의 지식사회로 발전해왔어요. 쉽게 말해 사냥을 하고, 씨앗을 뿌려 수확하며, 공장에서 상품을 만드는 과정을 거치면서 발전해온 것이죠. 그리고 오늘날에는 지식을 가지고 각종 새로운 가치를 만들어냅니다. 컴퓨터 설계자가 새로운 소프트웨어를 만들어내는 것을 예로 들 수 있어요.

그리고 지식사회가 다가옴에 따라 새로운 사회의 규칙이 생겨났습니다. 옛날에는 사냥감, 토지, 원료 등이 중요했지만 요즘에는 지식이 사람들의 생존경쟁 도구가 되었어요. 세계적인 컴퓨터 회사 마이크로소프트와 구글 등의 회사가 수익을 올리는 원천이 바로 지식과 인재입니다. 즉, 이 말은 지식사회에서는 지식의 수준이 성공을 결정하고 지식을 잘 활용할 줄 아는 것이 세계의 권력과 부를 가질 수 있다는 것입니다. 세계에서 가장 돈을 많이 버는 빌 게이츠(Bill Gate)가 대표적인 인물이죠.

01 다음 중 인류문명의 발전과정은 무엇인가요?

☐ 가. 수렵사회 → 공업사회 → 농경사회 → 지식사회

☐ 나. 농경사회 → 수렵사회 → 공업사회 → 지식사회

☐ 다. 수렵사회 → 농경사회 → 공업사회 → 지식사회

☐ 라. 농경사회 → 공업사회 → 수렵사회 → 지식사회

02 농경사회에 농부에게 가장 중요한 부의 근원은 무엇인가요?

☐ 가. 자본   ☐ 나. 지식

☐ 다. 토지   ☐ 라. 노동력

03 다음 중 효율적인 지식이라고 할 수 있는 것은 무엇인가요?

☐ 가. 일과 생활의 문제를 새롭게 하기 위해 사용된다.

☐ 나. 일과 생활의 문제를 만들기 위해 사용된다.

□ 다. 일과 생활의 문제를 키우기 위해 사용된다.

□ 라. 일과 생활의 문제를 해결하기 위해 사용된다.

04 지식사회에서 다른 사람보다 뛰어나려면 어떻게 해야 하나요?

　□ 가. 공장에 취직한다.　　　□ 나. 새로운 지식을 많이 쌓는다.

　□ 다. 사냥 훈련을 한다.　　　□ 라. 더 넓은 토지를 구입한다.

05 지식사회에서 개인과 나라의 운명을 바꾸는 것은 무엇인가요?

　□ 가. 뉴스　　　　　　　□ 나. 토지

　□ 다. 지식　　　　　　　□ 라. 공장

06 지식사회의 특징은 무엇인가요? (정답을 모두 고르세요)

　□ 가. 현재의 지식은 과거 수 천 년에 걸쳐 만들어진 것보다 훨씬 많다.

　□ 나. 과거의 지식은 첨단과학지식에 자리를 내어줄 것이다.

　□ 다. 사회 곳곳에서 전문적이고 고급지식을 가진 인재가 대우받는다.

　□ 라. 지식을 아는 것도 중요하지만 빠르게 이해하고 분석하며 판단하는 능력
　　　도 필요하다.

　□ 마. 지식은 빠른 속도로 과거를 변화시키거나 고립시킨다.

　□ 바. 지식은 재산을 쌓는 가장 중요한 수단이다.

3 세계화시대

　세계화란 국가와 국가 사이의 무역, 과학기술, 지식, 사회, 문화 등의 관계를 강화하고 세계 각국 사람들의 생활이 점점 비슷해져가는 것을 말해요. 즉, 이 말은 지역의 경계 구분 없이 전 세계가 하나로 하쳐지는 것을 뜻해요. 주변의 상품, 서비스, 서적, 영화 등을 보면 모두 국경의 제약을 받지 않는 것을 알 수 있어요. 이제 세계 모든 상품의 발명이나 자연환경, 질병의 전염, 정치적 영향력 등은 서로 맞물

려 돌아간다고 할 수 있습니다. 또 세계화는 시장 및 경쟁의 확대를 의미하기도 해요. 사람들에게 더욱 많은 기회를 제공하기도 하지만 그만큼 세계와 경쟁해야 하는 것이기도 합니다. 생활용품을 판매하는 작은 상점일지라도 그들의 경쟁상대는 더 이상 주변의 회사들이 아니라 세계적 체인점이나 인터넷 상점입니다. 결과적으로 세계화시대에 반드시 세계적인 경쟁력을 갖추어야만 살아남을 수 있습니다.

01 세계화시대에 선진국의 직장인들은 왜 직업을 잃을 걱정을 하나요?

☐ 가. 과학기술의 발달로 새로운 과학기술에 자리를 내어주기 때문이다.

☐ 나. 전 세계가 하나로 합쳐지면 경쟁력 있는 나라로 회사들이 옮겨갈 수 있기 때문이다.

☐ 다. 경쟁업체가 줄어들기 때문이다.

☐ 라. 대형회사가 많이 생기기 때문이다.

02 국가 간의 경계가 사라지는 상황에서 어떤 상품이 가장 오래 남아 있을까요?

☐ 가. 가장 먼 지역의 상품

☐ 나. 세계에서 가장 비싼 상품

☐ 다. 가장 가까운 지역의 상품

☐ 라. 세계에서 가장 우수한 상품

03 세계화가 진행됨에 따라 발전할 수 있는 기회는 어떻게 될까요?

☐ 가. 더 많아진다. ☐ 나. 더 적어진다.

☐ 다. 전혀 없다. ☐ 라. 모두 발전한다.

04 세계화시대에 가장 필요한 언어는 무엇인가요?

☐ 가. 이스라엘어 ☐ 나. 영어

☐ 다. 스페인어 ☐ 라. 네델란드어

05 세계화시대의 특징은 무엇인가요? (정답을 모두 고르세요)

  □ 가. 환경이 빠르게 변한다.

  □ 나. 무역의 세계화

  □ 다. 일자리를 잃을 수 있다.

  □ 라. 업무의 성패가 빠르게 결정된다.

  □ 마. 경쟁이 치열해진다.

  □ 바. 인력의 이동이 많다.

  □ 사. 국경의 제약이 많아진다.

  □ 아. 국경을 초월해서 상품을 팔 수 있다.

4 인터넷시대

1990년 스위스에서 처음으로 월드와이드웹 컨소시엄(W3C)이 만들어졌어요. 인터넷이라는 혁명적인 과학기술은 아주 빠른 속도로 퍼져나갔고 생활에 놀라운 변화를 가져다줬어요. 인터넷이 보급되면서 의사소통, 지식탐구, 오락, 무역, 학습, 구매 등 생활과 일의 방식이 정말 많이 바뀌었답니다. 인터넷은 크게 시간과 지역의 제한을 없애주었고, 이 지구를 작은 마을처럼 변화시켰어요. 사람들은 직업, 사회지위, 연령, 인종, 종교, 국경의 한계를 느끼지 못하게 되었고 모두 정보를 공유할 수 있게 되었어요. 이제 정보를 혼자 독점하는 것은 과거의 일이 되어버렸죠. 앞으로의 시대는 인터넷이 더욱 빠르고 강하게 발전할 것이고 자신의 발전을 위해 좋은 기회를 잡으려면 이러한 변화를 잘 이해할 수 있어야 해요.

01 다음 중 인터넷시대가 바꾼 것들은 무엇인가요?(정답을 모두 고르세요)

  □ 가. 오락　　　　□ 나. 친구와의 사귐　　　　□ 다. 지식탐구

  □ 라. 물건의 구입　□ 마. 무역　　　　　　　　□ 바. 의사소통

  □ 사. 독서　　　　□ 아. 학습

02 인터넷시대는 어떤 제한들을 없애주었나요?

☐ 가. 시간과 외모 ☐ 나. 거리와 성별

☐ 다. 시간과 거리 ☐ 라. 성별과 시간

03 인터넷시대의 정보는 어떤가요?

☐ 가. 모든 사람이 공평하게 동일한 정보를 얻을 수 있다.

☐ 나. 한 사람이 독점하여 서로 다른 정보를 얻을 수 없다.

☐ 다. 모든 사람이 자신이 가진 정보를 공유할 수 없다.

☐ 라. 한 사람이 가진 정보를 공유하면 불법이다.

04 인류의 발명품 중 가장 짧은 시간에 모든 사람에게 영향을 주는 것은 무엇인가요?
(정답을 모두 고르세요)

☐ 가. 전화기 ☐ 나. 라디오

☐ 다. 전화 ☐ 라. 인터넷

☐ 마. 텔레비전 ☐ 바. 컴퓨터

☐ 사. 책

🚌 제 13과 학습 포인트

> ✓ 지식은 오늘날 개인과 국가의 운명을 결정하는 가장 중요한 요소가 되었다.
>
> ✓ 세계화란 세계 각국 사람들이 생활의 여러 방면에서 서로 연결되고 영향을 주는 것이다.
>
> ✓ 인터넷은 인류의 생활과 일의 방식을 변화시켰다.

14 | 환경 알아가기-나를 둘러싼 것들(2)

성공한 사람은 행운과 기회를 구분할 줄 알고, 즐겁게 일하고 모험할 수 있는 능력을 갖추어야 한다. 그리고 기회를 살려 부지런히 일해야 한다.

－에드워드 드 보노

'기회를 잃어버리면 실패를 피할 수 없다' 라는 말이 있어요. 인생에 있어서 기회의 중요성은 노력만큼 중요하다는 것을 알려주는 말입니다. 만약 좋은 기회를 찾아내어 활용한다면 적은 노력으로 큰 효과를 거둘 수도 있고, 많은 힘과 노력을 줄일 수도 있어요. 즉, 이 말은 여러분이 기회를 분명히 알고 그 기회를 잘 잡아 게을리 하지 않고 노력한 자신의 미래를 새롭게 만들 수 있다는 뜻입니다.

1 기회를 잡은 세계 최대 인터넷 서점, 아마존

1999년 〈타임〉이 올해의 인물로 뽑은 제프리 베조스(Jeffrey Bezos)는 1995년에 아마존 인터넷 서점(Amazon.com)을 만들었어요. 현재는 전자상거래의 성공적인 모델이 되었습니다. 제프리가

뉴욕의 투자회사에서 수석 부사장으로 지낼 때, 우연히 전 세계 인터넷이 빠르게 성장하고 있다는 소식을 접했어요. 그때 그는 전자상거래라는 아주 커다란 기회를 발견했어요. 기회를 발견한 그는 바로 행동으로 옮겼습니다. 직장을 그만두고 새로운 사업을 시작했죠. 몇 년간 힘든 사업 초창기를 보낸 후 아마존은 세계에서 가장 유명한 최대 인터넷 서점이 되었어요. 현재는 서적, CD, DVD, 컴퓨터 소프트웨어 등을 판매하고 있으며 이용하는 고객의 수 또한 엄청나답니다. 아마존 인터

넷 서점의 성공은 많은 사람들에게 인터넷을 기회가 가득 찬 '기회의 땅'이라고 믿게 하는 계기가 되었어요.

01 1999년 미국의 어느 잡지에서 제프리를 올해의 인물로 뽑았나요?

☐ 가. 〈포춘〉   ☐ 나. 〈워싱턴포스트〉

☐ 다. 〈타임〉   ☐ 라. 〈월스트리트저널〉

02 아마존 인터넷 서점은 언제 만들어졌나요?

☐ 가. 1994년   ☐ 나. 1995년

☐ 다. 1996년   ☐ 라. 1997년

03 제프리가 투자회사의 수석 부사장으로 있을 때 무엇을 발견했나요?

☐ 가. 전 세계 서점의 급속한 성장

☐ 나. 전 세계 무역의 급속한 성장

☐ 다. 전 세계 교통의 급속한 성장

☐ 라. 전 세계 인터넷의 급속한 성장

04 제프리는 자신이 발견한 현상에서 어떤 기회를 찾았나요?

☐ 가. 온라인게임   ☐ 나. 전자상거래

☐ 다. 인터넷방송   ☐ 라. 인터넷뱅킹

05 제프리가 성공한 원인은 무엇일까요?

☐ 가. 일을 그만둔 것

☐ 나. 관찰을 잘한 것

☐ 다. 어렵게 창업한 것

☐ 라. 기회를 잡은 것

2 기회란 무엇인가

기회란 자신의 재능을 발휘해서 큰 성공을 거둘 수 있는 좋은 시기나 경우를 말해요. 이러한 기회는 모든 사람에게 주어지는 것이 아니라 준비된 사람에게만 주어집니다. 반드시 자신의 일을 열심히 하고 지식을 잘 이해하며 성공의 기회를 잘 판단하고 과감하게 결정할 수 있는 사람이 기회를 잡을 수 있어요. 또 기회는 평소에는 잘 보이지 않아요. 특히 고생과 어려움 속에 꼭꼭 숨어 있어 쉽게 찾기 힘들어요. 반드시 포기하지 않는 끈기와 실천력이 있어야 성공할 수 있습니다. 한 번의 기회를 가지기 위해 노력한다는 것은 시간과 자원을 모두 투자한다는 것을 의미해요. 그래서 반드시 조심하고 신중하게 기회를 선택해야 합니다.

01 기회는 무엇인가요?

☐ 가. 자신의 재능을 발휘해서 큰 성공을 거두게 하는 좋은 시기나 경우

☐ 나. 자신의 재능을 발휘할 수 없는 나쁜 시기나 경우

☐ 다. 자신의 재능을 발휘해도 바뀌지 않는 상황

☐ 라. 자신의 재능을 발휘해서 조그만 성공을 거두는 경우

02 기회를 잡으려면 무엇을 준비해야 하나요?

☐ 가. 지식을 가르치고, 성공의 기회를 잘 판단하며 과감하게 결정한다.

☐ 나. 지식을 삭제하고, 성공의 기회를 잘 판단하며 과감하게 결정한다.

☐ 다. 지식을 돌보지 않고, 성공의 기회를 잘 판단하며 과감하게 결정한다.

☐ 라. 지식을 잘 이해하고, 성공의 기회를 잘 판단하며 과감하게 결정한다.

03 기회의 특징은 무엇인가요? (정답을 모두 고르세요)

☐ 가. 어려움 속에 숨어 있다.

☐ 나. 쉽게 찾을 수 없다.

☐ 다. 아주 잠깐 나타난다.

☐ 라. 몇 번밖에 나타나지 않는다.

□ 마. 큰 도전이 기다리고 있다.

□ 바. 아무 것도 하지 않고 손쉽게 얻을 수 있다.

□ 사. 신비하다.

□ 아. 유혹을 가지고 있다.

04 기회를 이용해 성공하려면 어떻게 해야 하나요?

□ 가. 친구나 부모님이 시킬 때까지 기다린다.

□ 나. 포기하지 않는 끈기와 실천력이 있어야 한다.

□ 다. 포기하지 않는 끈기를 가지되 행동은 하지 않아도 된다.

□ 라. 마음속으로만 그려보면 된다.

05 최선을 다해서 하나의 기회를 가지기 위해 노력한다는 것은 무엇을 뜻하나요?

□ 가. 동시에 두 가지 기회를 찾으려 한다.

□ 나. 다른 기회를 추구하는 것을 선택한다.

□ 다. 다른 기회를 찾으려 한다.

□ 라. 시간과 자원을 모두 투자한다.

3 기회 발견하기

기회를 발견하기 위해 도움을 줄 수 있는 안내서 같은 것은 없습니다. 그러므로 항상 환경의 변화, 과학기술의 발전, 정부정책의 변화, 직업의 변화, 미래의 모습 등을 생각해야 합니다. 맞닥뜨린 기회를 잘 발견하면 자신의 장점을 발전시키는 데 도움이 됩니다. 다음 방법은 기회를 찾는 데 도움을 줄 것입니다.

1. 다른 사람에게 도전하라

만약 현재 선택한 방법들에 도전하면 더욱 간단하고, 빠르고, 저렴하고 좋은 방법을 찾을 수 있다.

2. 다른 사람의 실수를 보고 배우라

선진국에서 일어난 일은 곧 세계로 빠르게 퍼진다. 그들의 실패를 통해 배울 수 있다.

3. 문제를 해결하라

모든 문제는 기본적으로 기회이다. 그리고 세계의 많은 문제는 해결되어야 한다.

4. 시장의 흐름을 파악하라

일찍 흐름을 파악하고 우수한 서비스와 상품으로 기회를 잡아야 한다.

5. 다른 사람을 모방하라

다른 사람의 경험은 실수를 줄이는 데 도움을 줄 것이다.

6. 시장의 틈새를 발견하라

다른 사람이 보지 못한 것이나 일을 처리할 능력이 없는 부분을 찾아라. 휴가를 보내는 참신한 방법, 새로운 컴퓨터 게임, 새로운 조리방법 등을 예로 들 수 있다.

01 기회가 나타나는 것을 잘 발견하기 위해서 항상 어떤 점에 신경 써야 하나요?

(정답을 모두 고르세요)

☐ 가. 미래의모습　　　　☐ 나. 환경의 변화

☐ 다. 자신의 건강상태　　☐ 라. 친구의 소비습관

☐ 마. 과학기술의 발전　　☐ 바. 가족의 수입

☐ 사. 직업의 변화　　　　☐ 아. 정부의 정책변화

02 인구의 고령화는 어떤 기회를 주나요? (정답을 모두 고르세요)

☐ 가. 새로운 여행방식

☐ 나. 최신 유행의 패션디자인

☐ 다. 좋은 건강식품

☐ 라. 높은 수준의 의료서비스

☐ 마. 새롭고 독특한 아이들의 장난감

☐ 바. 주택수요의 부족

☐ 사. 뛰어난 간호서비스

☐ 아. 아주 효과적인 미용용품

03 다른 사람을 모방하는 것이 왜 하나의 기회가 될까요?

☐ 가. 다른 사람을 모방하지 않으면 기회가 생기기 않기 때문이다.

☐ 나. 참신한 방법을 떠올리게 하기 때문이다.

☐ 다. 다른 사람의 실수를 반복할 수 있기 때문이다.

☐ 라. 다른 사람의 성공경험을 따라할 수 있기 때문이다.

04 다른 사람의 실수를 보고 배워 기회를 찾으려면 어떻게 해야 할까요?

☐ 가. 여행을 떠나본다.

☐ 나. 인터넷에서 관련된 사이트를 찾는다.

☐ 다. 위인들의 이야기를 들어본다.

☐ 라. 대규모의 상품전시회를 구경한다.

☐ 마. 오락 프로그램을 많이 시청한다.

☐ 바. 다양한 종류의 책을 읽는다.

05 다음 중 문제를 해결하는 것은 어떤 것인가요?

☐ 가. 품질을 개선한다.

☐ 나. 내용을 중복한다.

☐ 다. 흠이 있는 부분을 고친다.

☐ 라. 문제를 교묘하게 피한다.

☐ 마. 실수를 고쳐나간다.

☐ 바. 절차를 단순화한다.

06 '틈' 이란 무엇인가요?

☐ 가. 파는 사람이 많은 경우

☐ 나. 사고자 하는 사람이 모두 산 경우

☐ 다. 사고자 하는 사람은 있으나 파는 사람이 없는 경우

☐ 라. 파는 사람은 있으나 사려는 사람이 없는 경우

07 다음 중 문제해결을 통해 생겨난 기회는 무엇인가요? (정답을 모두 고르세요)

☐ 가. 24시간 영업하는 가게는 고객들이 편하게 구매할 수 있게 한다.

☐ 나. 컴퓨터 프로그램이 학습을 더욱 재미있게 만들었다.

☐ 다. 문서를 복사해줄 수 있는 기계를 만들었다.

☐ 라. 전자우편을 개발하여 빠르게 연락할 수 있게 했다.

☐ 마. 자동차를 개발하여 마차를 대신하도록 했다.

☐ 바. 더욱 빠른 방법으로 물건을 전달하도록 지시했다.

 제 14과 학습 포인트

✓ 기회란 자신의 재능을 발휘해서 큰 성공을 거둘 수 있는 좋은 시기나 경우다.

✓ 충분한 준비를 통해 기회를 잡아야 한다.

✓ 신중하게 기회를 선택하고 자신의 시간과 자원을 투자해야 한다.

✓ 기회를 발견하는 방법

1. 다른 사람에게 도전한다.   2. 다른 사람의 실수를 보고 배운다.

3. 문제를 해결한다.   4. 시장의 흐름을 파악한다.

5. 다른 사람을 모방한다.   6. 시장의 틈새를 발견한다.

전략 세우기-자신의 위치 알기

기계의 부품인 볼트와 너트가 자신의 위치를 찾지 못하면 고철에 불과하다.

완벽하게 똑같은 나뭇잎이 세상에 없는 것처럼 완벽하게 똑같은 사람도 없습니다. 그러므로 객관적인 외부환경과 자신의 특기, 흥미, 성격, 가치관, 꿈을 바탕으로 자신에게 진정으로 적합한 위치, 즉 자신의 일을 찾아야 합니다. 자신에게 적합한 위치는 미래를 밝게 해주고 재능을 발휘해 계속해서 발전하도록 하며 남보다 뛰어난 사람이 될 수 있도록 도와줍니다.

1 성공한 전략 이야기

중국 전국시대의 제나라 왕은 전기라는 신하와 말타기를 좋아했어요. 그들은 상·중·하 등급의 말 중에서 한 필씩 골라서 모두 세 번의 경기를 하기로 했어요. 왕이 좋은 말을 골랐기 때문에 항상 이겼어요. 그러자 전기는 손빈에게 가르침을 구했어요. 손빈은 전략을 바꾸라고 조언했어요. 바로 하급의 말을 골라 왕의 상급 말과 겨루고, 상급 말을 골라 왕의 중급 말과 겨루게 하고, 마지막으로 중급 말을 골라 왕의 하급 말과 겨루게 하는 것이었습니다. 그 결과 첫 번째 경기에서 지고 이어지는 두 번의 경기에서는 승리를 거두었어요. 두 번을 이기고 한 번을 졌으니 전기는 제왕을 이겼어요. 그 일 이후 전기는 왕에게 손빈을 추천하였습니다. 그 후 손빈은 왕이 눈부신 업적을 세우는 것을 도왔답니다.

01 왜 왕이 항상 승리했나요?

☐ 가. 전기의 말이 우수하기 때문이다.

☐ 나. 전기가 말을 돌볼 줄 몰랐기 때문이다.

☐ 다. 왕의 말이 우수하기 때문이다.

☐ 라. 왕이 손빈에게 가르침을 구했기 때문이다.

02 손빈은 전기에게 어떻게 전략을 바꾸라고 권했나요?

☐ 가. 중급 말과 상급 말을, 중급 말과 중급 말을, 하급 말과 하급 말을 겨루게 하라고 했다.

☐ 나. 중급 말과 상급 말을, 하급 말과 중급 말을, 상급 말과 하급 말을 겨루게 하라고 했다.

☐ 다. 하급 말과 상급 말을, 상급 말과 중급 말을, 중급 말과 하급 말을 겨루게 하라고 했다.

☐ 라. 상급 말과 중급 말을, 하급 말과 하급 말을, 중급 말과 상급 말을 겨루게 하라고 했다.

03 손빈은 전기가 승리할 수 있는 전략을 어떻게 세웠나요?

☐ 가. 자신과 상대의 강점과 약점을 잘 파악했다.

☐ 나. 자신의 강점만 생각했다.

☐ 다. 상대의 약점을 생각했다.

☐ 라. 우연히 알게 되었다.

04 손빈은 후에 왕을 도와서 어떤 일을 하였나요?

☐ 가. 말을 타고 놀았다.

☐ 나. 눈부신 업적을 세웠다.

☐ 다. 전기와 함께 다른 나라를 세웠다.

☐ 라. 말타기 대회를 열었다.

05 이 이야기에서 무엇을 깨달았나요?

☐ 가. 강자는 약자에게 언제나 강하다.

□ 나. 약자는 강자에게 언제나 진다.

□ 다. 강자와 약자는 친해질 수 없다.

□ 라. 약자는 뛰어난 전략으로 승리할 수 있다.

2 위치 정하기-자신의 자리를 정하라

포지셔닝(positioning)이란 사람들의 마음속에 자신에 대한 바람직한 위치를 정하는 것입니다. 이 개념은 제일 처음 미국의 광고전문가가 도입한 말입니다. 즉, 상품이 소비자의 마음에서 어떤 자리를 차지하느냐는 것이죠. 예를 들어 코카콜라는 탄산음료 시장에서, 맥도널드는 패스트푸드 시장에서 각각 최고의 브랜드를 차지하고 있죠. 포지셔닝의 의미는 국가나 기업, 작게는 개인에게도 적용되어 자신의 가장 좋은 위치를 찾도록 도와줍니다. 어떤 사람이 세계에서 가장 유리한 위치를 차지하길 원한다면 사회가 요구하는 것, 개인의 특기, 인생목표 등을 함께 고려하여 다른 사람의 마음에 자신이 어떤 모습과 지위로 비춰질지 생각해야 합니다. 그리고 행동으로 옮겨 목표를 달성해야 합니다.

01 자신의 적합한 위치는 무엇을 근거로 찾을 수 있나요?

□ 가. 외부환경과 자신의 특기, 흥미, 성격, 가치관, 꿈

□ 나. 내부환경과 자신의 특기, 재산, 외모, 가치관, 꿈

□ 다. 외부환경과 다른 사람의 취미, 흥미, 성격, 가치관, 꿈

□ 라. 내부환경과 다른 사람의 특기, 흥미, 성격, 가치관, 꿈

02 만약 타고난 재능과 흥미가 어울리지 않는 일을 하게 되어 행복하지 않다면 어떻게 대처할 수 있을까요?(정답을 모두 고르세요)

□ 가. 돈을 버는 것을 생각하지 않는다.

□ 나. 일단 좋아하지 않는 일이라도 돈이 어느 정도 모이면 자신이 좋아하는 일을 한다.

□ 다. 돈이 어느 정도 모인다면 큰 재산을 바라기보다 현재의 일에 만족한다.

□ 라. 타고난 재능으로 돈을 벌어 생계를 꾸리고, 남는 시간에 자신이 흥미를
　　가지는 일을 한다.

□ 마. 흥미를 고려해 새로운 방법을 찾아 일한다.

□ 바. 기타 _____

03 포지셔닝의 개념은 어디에서 처음 나온 것인가요?

　　□ 가. 법률　　　　　□ 나. 광고

　　□ 다. 의료　　　　　□ 라. 정치

04 여러분의 생활에서 포지셔닝이란 무엇인가요?

　　□ 가. 사람들과 함께 일할 수 있는 위치

　　□ 나. 친구들에게 잊혀지는 것

　　□ 다. 다른 사람들 마음속에서 자신이 차지하는 위치

　　□ 라. 세계 제일의 회사에 들어가는 것

05 다음 중 포지셔닝의 의미는 무엇인가요?

　　□ 가. 세상에는 쓸데없는 것은 있고 단지 옳은 자리에 놓일 뿐이다.

　　□ 나. 세상에는 쓸데없는 것은 없고 단지 옳은 자리에 놓일 뿐이다.

　　□ 다. 세상에는 쓸데없는 것은 없고 단지 잘못된 자리에 놓일 뿐이다.

　　□ 라. 세상에는 쓸데없는 것은 있고 단지 잘못된 자리에 놓을 뿐이다.

3 포지셔닝의 중요성

인생에서 가장 좋은 위치를 차지하려면 자신이 다른 사람보다 더 잘하는 것을 선택해서 1인자가 되기 위해 공부하는 것도 중요해요. 하지만 더 중요한 것은 다른 사람들과 비교해서 상대적인 우위를 차지해야 합니다. 많은 사람들과 비슷하게 영어를 잘한다면 자신의 영어실력을 드러낼 수 없어요. 또 자신이 광고인이라고 생

각해보세요. 상품을 광고할 때 그 상품만이 가진 독특한 매력(USP, unique selling proposition)을 찾아내어 독특함을 드러내야 해요. 정보가 범람하는 사회에서 사람들은 항상 수많은 정보를 접하므로 사람들의 마음을 움직일 수 있는 한 분야의 1인자가 되어야 합니다. 세계에서 가장 높은 산이 에베레스트인 것은 알지만 두 번째로 높은 산은 기억하지 못합니다. 세계에서 최초로 달에 발을 디딘 사람은 닐 암스트롱이지만 두 번째로 발을 디딘 사람은 기억하지 못해요. 두 번째로 대서양을 횡단한 영웅은 누구일까요? 세계에서 두 번째로 큰 대륙은 어디일까요? 이처럼 사람들의 마음에서 첫 번째를 차지해야만 잘 기억되고 먼저 받아들여질 수 있습니다.

01 만약 많은 사람이 수학을 똑같이 잘한다면 어떻게 될까요?

☐ 가. 수학은 재미있는 과목이라고 생각한다.

☐ 나. 수학에 대한 흥미가 없어진다.

☐ 다. 수학을 잘하는 사람이 나라고 말할 수 있다.

☐ 라. 수학을 잘하는 사람이 누구라고 떠올릴 수 없다.

02 상대적인 우위는 무엇인가요?

☐ 가. 누구나 가지고 있는 약점

☐ 나. 혼자만 가지고 있는 강점

☐ 다. 누구나 가지고 있는 강점

☐ 라. 하나뿐인 약점

03 상품의 독특한 매력은 무엇인가요?

　□ 가. 상품을 파는 사람의 외모

　□ 나. 모든 상품이 가지고 있는 요소

　□ 다. 다른 상품에서 찾을 수 없는 요소

　□ 라. 상품을 쓰는 사람의 재산

04 다른 사람이 잊기 어려운 인상을 주려면 어떻게 해야 하나요?

　□ 가. 어떤 분야에서 다른 사람의 마음속에서 제1위를 차지한다.

　□ 나. 어떤 분야에서 다른 사람의 마음속에서 제2위를 차지한다.

　□ 다. 어떤 분야에서 다른 사람의 마음속에서 제3위를 차지한다.

　□ 라. 어떤 분야에서 다른 사람의 마음속에서 제4위를 차지한다.

05 위의 문제의 답에 따르면 어떤 효과를 누릴 수 있나요?

　□ 가. 평범하지 않은 효과를 누릴 수 있다.

　□ 나. 날카로운 의견의 효과를 누릴 수 있다.

　□ 다. 단숨에 일을 해치우는 효과를 누릴 수 있다.

　□ 라. 가장 먼저 받아들여져 오래 기억될 수 있다.

4 포지셔닝의 방법

인생은 로마로 통하는 많은 길 중에서 한 가지 길을 선택해야 하는 것과 같아요. 성공의 길은 여러 가지가 있지만 바로 자신에게 가장 적합한 하나의 길을 선택해야 합니다. 또 용감하고 흔들리지 않게 앞으로 나아가야 합니다. 다음은 인생의 길을 개척하는 방법입니다.

1. 전문화 전략— 한 분야를 선택해서 다른 누구보다 더욱 잘하도록 하는 것으로 바로 그 분야의 전문가를 말한다. 누구도 감히 당신과 경쟁할 수 없을 것이다.

2. 차별화 전략 — 경쟁상대와 다른 방법, 상품, 서비스를 개발하는 것이다.

3. 세분화 전략 — 특정한 고객과 지역을 확실히 구분지어서 가장 적합한 상품과 서비스를 제공하는 것이다.

4. 선점화 전략 — 완전히 새로운 분야를 찾아 그 분야에 첫 번째로 진입하여 선점하는 것이다.

01 전문화 전략의 예는 무엇인가요?

☐ 가. 변호사 ☐ 나. 전문의(산부인과 의사, 안과 의사)

☐ 다. 직장인 ☐ 라. 판매사원

02 새로운 장르를 개척한 영화감독은 어떤 포지셔닝 방법을 사용한 것인가요?

☐ 가. 전문화 전략 ☐ 나. 차별화 전략

☐ 다. 세분화 전략 ☐ 라. 선점화 전략

03 아이들만 전문적으로 이발하는 이발사는 어떤 포지셔닝 방법을 사용한 것인가요?

☐ 가. 전문화 전략 ☐ 나. 차별화 전략

☐ 다. 세분화 전략 ☐ 라. 선점화 전략

04 김치를 재료로 새로운 음식을 개발한 요리사는 어떤 포지셔닝 방법을 사용한 것인가요?

☐ 가. 전문화 전략 ☐ 나. 차별화 전략

☐ 다. 세분화 전략 ☐ 라. 선점화 전략

05 포지셔닝의 방법 중 도전적이지만 성과가 가장 큰 것은 무엇인가요?

☐ 가. 전문화 전략 ☐ 나. 차별화 전략

☐ 다. 세분화 전략 ☐ 라. 선점화 전략

5 힘 집중시키기

돋보기로 태양빛을 모아 신문에 비춰보세요. 돋보기의 초점이 정확하게 조준되면 빛과 열이 집중되기 시작하면서 신문이 타버립니다. 또 새를 잡으려는 사냥꾼은 절대로 여러 마리의 새를 쫓지 않아요. 한 번에 한 마리의 새를 겨눌 뿐이에요. 그러므로 자신의 가장 좋은 위치를 찾으려면 모든 시간과 힘을 집중해 목표에 도달해야 하고, 목표에 도달하지 않았어도 절대로 중간에 그만두면 안 됩니다.

01 초점이 모인다는 것은 무엇인가요?

　□ 가. 힘을 가끔 집중시키는 것이다.

　□ 나. 힘을 단계적으로 집중시키는 것이다.

　□ 다. 힘을 여러 곳에 분산시키는 것이다.

　□ 라. 힘을 한 곳에 집중시키는 것이다.

02 성공하려면 왜 힘을 모아야 하나요?

　□ 가. 모든 사람의 힘과 능력이 다르기 때문이다.

　□ 나. 모든 사람의 힘과 능력은 한계가 있기 때문이다.

　□ 다. 모든 사람의 힘과 능력은 무한하기 때문이다.

　□ 라. 모든 사람의 힘과 능력은 같기 때문이다.

03 재능과 지혜가 부족한 사람이지만 모든 힘을 목표에 집중시킨다면 어떻게 되나요?

　□ 가. 약간 좋아질 뿐이다.

　□ 나. 성공할 수 있다.

　□ 다. 예상을 뛰어 넘는다.

　□ 라. 아무것도 이루지 못한다.

04 재능과 지혜가 풍부한 사람이 모든 힘을 여기저기 분산시키면 결국 어떻게 되나요?

　□ 가. 아무것도 이루지 못한다.

☐ 나. 모든 일에서 앞장서서 나간다.

☐ 다. 사람들이 놀랄 정도의 일을 이룬다.

☐ 라. 상당히 빠르게 발전한다.

 제 15과 학습 포인트

✓ 모든 사람은 외부환경, 자신의 특기, 흥미, 성격, 가치관 및 꿈을 바탕으로 자신에게 적합한 위치를 찾아야 한다.

✓ 약자는 뛰어난 전략으로 승리할 수 있다.

✓ 포지셔닝(positioning)은 다른 사람의 마음에 자신의 이미지와 위치 등을 만드는 것이다.

✓ 자신만의 독특한 강점과 특별한 장점을 만들어야 다른 사람에게 깊게 인상을 남길 수 있다.

✓ 포지셔닝의 4가지 방법

• 전문화   • 차별화   • 세분화   • 선점화

✓ 모든 사람의 힘과 능력은 한계가 있기 때문에 자신의 자원을 집중해야만 성공할 수 있다.

효과적으로 실행하기-행동계획 세우기

사람은 꿈이 있기에 위대하고 행동해야 성공한다.

행동이 없다면 아무리 원대한 꿈과 치밀한 계획이 있다 해도 소용이 없어요. 모든 일은 행동이 있어야 비로소 목표를 달성할 수 있어요. 행동이 있어야만 힘을 가질 수 있고, 행동이 있어야만 성공할 수 있습니다. 행동은 바로 모든 성공을 결정하고 성공하고 싶다면 방법은 단 하나, 바로 행동으로 옮기는 것입니다.

1 5년 후 나는 무엇을 하고 있을까

두 친구가 꽃집에서 각자의 5년 후 꿈에 대해서 말하고 있었어요.

"나는 모두에게 환영받는 가수가 되고 싶어."

"그럼 그 목표를 거꾸로 세워보자."

"그러려면 4년째 되는 해에는 기획사와 계약을 맺어야 해. 3년째 되는 해에는 샘플 테이프를 만들어서 기획사에 줘야 하고, 2년째 되는 해에는 반드시 좋은 노래를 녹음해야 해. 1년째 되는 해에는 녹음할 노래의 작곡과 작사를 마쳐야 하고, 6개월째가 될 때는 곡을 골라야 하고, 1개월째가 될 때는 몇 곡을 만들어 놓아야 해."

"그래, 그러면 다음 주에는 널 뭘 해야 할까?"

"먼저 노래 목록을 만들고 고쳐야 할 부분이 있는 곡과 완성해야 하는 곡의 순서를 정해야겠어."

두 친구 중 가수가 되겠다고 목표를 세웠던 소녀는 6년 후 세계 각지에서 인기 있는 가수가 되었어요. 소녀는 결국 꿈을 이룬 것입니다.

01 소녀는 5년 후 어떤 꿈을 이루길 원했나요?

  ☐ 가. 참신한 스타일을 가진 가수

  ☐ 나. 싱어송 라이터

  ☐ 다. 모두에게 환영받는 가수

  ☐ 라. 좋은 노래를 부르는 가수

02 소녀는 어떻게 자신의 꿈을 이루었나요?

  ☐ 가. 꿈을 거꾸로 생각해보고 유형을 찾았다.

  ☐ 나. 꿈을 거꾸로 생각해보고 특징을 찾았다.

  ☐ 다. 꿈을 거꾸로 생각해보고 중점을 찾았다.

  ☐ 라. 꿈을 거꾸로 생각해보고 단계를 나눴다.

03 자신의 꿈을 이루기 위해서 소녀는 일주일 후에 무엇을 해야 했나요?

  ☐ 가. 노래 목록을 만들고 고치며 완성해야 하는 곡의 순서를 정했다.

  ☐ 나. 작곡과 작사를 마쳐야 한다.

  ☐ 다. 곡을 골라야 한다.

  ☐ 라. 기획사와 계약해야 한다.

04 이 이야기에서 어떤 점을 배울 수 있나요?

  ☐ 가. 꿈을 이루는 상상을 해야 한다.

  ☐ 나. 꿈에 대해서 친구와 이야기해야 한다.

  ☐ 다. 꿈을 모두 합쳐 큰 목표를 만들어 열심히 노력하고 실행한다.

  ☐ 라. 꿈을 단계별로 나누고 작은 목표를 달성하기 위해 열심히 노력하고 실행
  한다.

CHAPTER 16

2 나의 행동계획

자신의 미래에 대한 그림을 그리면서 현재 자신의 모습과 목표가 얼마나 거리가 있는지 객관적으로 평가하세요. 만약 10년 후 목표를 달성하는 자신을 생각하면 '오늘의 나' 와 '10년 후의 나' 는 어떤 차이가 있을까요? 목표까지 남은 거리를 확인한 다음 미래의 그림을 머릿속에서 그리면서 단계별로 목표를 나눠보세요. 각 단계별 목표의 달성은 미래를 위해 뿌리는 성공의 씨앗이  며 미래를 위한 디딤돌이 됩니다. 미래의 그림을 완성하는 데는 지름길이 없어요. 운동선수가 몇 년 간의 힘든 훈련이 없다면 우승할 수 없는 것처럼 말이죠. 하룻밤 사이에 유명해진다는 환상을 버리세요. 성공은 반드시 장기간의 노력으로 이루어집니다.

01 자신의 미래의 그림을 그린 뒤 반드시 무엇을 객관적으로 평가해야 하나요?

☐ 가. 현재의 모습과 목표의 유사성

☐ 나. 현재의 모습과 목표의 차이

☐ 다. 현재의 모습과 목표의 성격

☐ 라. 현재의 모습과 목표의 거리

02 각 단계별 목표의 성공은 어떤 효과를 가지고 있나요?

☐ 가. 자신의 미래를 위해서 성공의 씨앗을 뿌리는 효과

☐ 나. 자신의 과거를 빛내기 위해 공적을 알리는 효과

☐ 다. 자신의 현재를 위해서 외모를 가꾸는 효과

☐ 라. 자신의 미래를 위해서 실패의 씨앗을 뿌리는 효과

03 미래의 그림을 현실로 바꾸려면 어떻게 해야 하나요?

☐ 가. 장기간 노력해야 한다.

☐ 나. 방향을 찾는다.

☐ 다. 지름길을 찾는다.

☐ 라. 다른 사람을 의지한다.

04 여러분의 머릿속에 있는 미래의 그림과 각 단계별 목표를 써보세요.

시간	단계별 목표
_____년 후	1 _____
_____년 후	2 _____
_____년 후	3 _____
_____년 후	4 _____
_____년 후	5 _____
_____년 후	6 _____
_____년 후	7 _____
_____년 후	8 _____
_____년 후	9 _____
_____년 후	10 _____

3 행동으로 옮기기

학자들은 수백 개의 회사를 연구하여 성공하는 기업들이 공통적으로 가진 8가지 요소를 찾았어요. 첫 번째는 '행동으로 옮기는 것'입니다. 이것은 그들이 주도적으로 움직이되 마냥 기다리면서 운을 바라지 않는다는 것을 말해요. 이 외에도 미래사회의 경쟁과 변화는 더욱 격렬해지고 빨라지므로 반드시 빠른 행동으로 세계의 변화에 대응해야 합니다. 이것이 바로 마이크로소프트사(Microsoft)의 창립자 빌 게이츠가 예측한 성공요소인 '속도'입니다.

01 성공하기 위한 유일한 방법은 무엇인가요?

  □ 가. 행동　　　□ 나. 계획

  □ 다. 제어　　　□ 라. 지도

02 빌 게이츠는 미래의 성공요소가 무엇이라고 생각했나요?

  □ 가. 품질　　　□ 나. 돌파

  □ 다. 창의　　　□ 라. 속도

03 위의 문제에 대하여 이 성공요소는 어떤 좋은 점이 있나요? (정답을 모두 고르세요)

  □ 가. 빨리 시장을 장악하도록 한다.

  □ 나. 경쟁상대가 쉽게 따라오지 못하도록 한다.

  □ 다. 빠르게 반응하도록 한다.

  □ 라. 더 높은 품질을 만들도록 한다.

  □ 마. 참신한 생각을 가지도록 한다.

  □ 바. 문제를 쉽게 발견하게 한다.

  □ 사. 공동체정신을 가지도록 한다.

  □ 아. 일의 효과를 높인다.

 제 16과 학습 포인트

> ✓ 모든 일은 행동으로 옮겨야만 반드시 성공할 수 있다.
>
> ✓ 반드시 목표를 단계별로 나누어 작은 목표부터 달성해야 한다.
>
> ✓ 성공은 반드시 장기적인 노력을 통해 이루어진다.
>
> ✓ 미래 경쟁에서 이기기 위해서는 '속도'가 중요하다.

사람들마다 생각이 다를 수 있어요. 어떤 답이 절대적으로 옳다고 말할 수 없기 때문에 여기에 있는 답은 참고답안일 뿐이지 정답이 아니랍니다. 그리고 혹시 답이 나와 있지 않은 문제는 여러분이 자유롭게 생각하면 됩니다.

제1과

1 01 ㉯ 02 ㉣ 03 ㉰ 04 ㉯, ㉰, ㉣, ㉱, ㉲, ㉳, ㉵, ㉶ 05 ㉣ 06 ㉯ 07 ㉮

4 자신의 인생은 자신이 설계하는 것입니다. 원하는 것을 이루도록 생명선을 작성해보세요.

제2과

1 01 ㉮ 02 ㉰ 03 ㉣ 04 ㉮ 05 ㉮ 06 ㉮ 07 ㉰ 08 ㉯ 09 ㉰ 10 ㉯

2 01 ㉯ 02 ㉣ 03 모두 정답 04 ㉯, ㉰, ㉱, ㉲, ㉳ 05 ㉰

3 01 ㉰ 02 ㉮ 03 ㉮ 04 ㉰

4 01 ㉣ 02 ㉯ 03 ㉰ 04 ㉮ 05 ㉣ 06 ㉰ 07 ㉣ 08 ㉮ 09 ㉯

5 01 ㉰ 02 ㉮ 03 ㉮, ㉯, ㉰, ㉣, ㉳, ㉴ 04 모두 정답 05 ㉰ 06 ㉯

제3과

1 01 ㉰ 02 ㉣ 03 ㉰

2　01 ㉰　02 ㉰　03 ㉰　04 ㉰　05 ㉮　06 ㉣　07 ㉰　08 ㉯　09 ㉰　10 ㉰　11 ㉰

3　01 ㉰　02 ㉯　03 ㉮　04 ㉣ (질병의 원인을 찾는다)　05 ㉣　06 ㉮　07 ㉯
　　07 ㉯　08 ㉣　09 ㉯　10 ㉯　11 ㉮　12 ㉰　13 ㉣　14 ㉣

4　01 ㉯, ㉰, ㉻　02 ㉯　03 ㉮　04 ㉣　05 ㉮, ㉣, ㉤, ㉿, ㉾　06 ㉯

제4과

1　01 ㉰

2　01 ㉰　02 ㉣　03 ㉯　04 ㉿　05 ㉺　06 ㉿　07 ㉻　08 ㉯
　　09 ㉣　10 ㉰　11 ㉮　12 ㉤　13 ㉻　14 ㉺

3
　(1) 40이상 : 그 항목에 해당하는 재능이 매우 뛰어나다.
　(2) 31~40 : 그 항목에 해당하는 재능의 기초를 가지고 있다.
　(3) 21~30 : 그 항목에 해당하는 재능이 과거에 그다지 훈련되지 않았고 중시
　　　　　　　되지 못했다.
　(4) 20이하 : 그 항목에 해당하는 재능이 당신의 약점이다.

제5과

1　01 ㉯　02 ㉰　03 ㉣　04 ㉰　05 ㉯

2　01 ㉣　02 ㉯　03 ㉮　04 ㉣　05 ㉯　06 ㉣

3
　01 ㉰　02 ㉮　03 모두 정답　04 ㉯　05 ㉰　06 ㉰　07 ㉯　08 ㉰　09 ㉰

4
　01 ㉣　02 ㉮, ㉰, ㉤, ㉻　03 ㉯, ㉤, ㉻　04 ㉮, ㉤, ㉻

제6과

1
01 ㉯   02 ㉮   03 ㉯   04 ㉲   05 ㉰   06 ㉰   07 ㉲   08 ㉮, ㉰, ㉱, ㉳

2
01 ㉲   02 ㉯   03 ㉮   04 ㉭   05 ㉰   06 ㉲   07 ㉯   08 ㉱   09 ㉮   10 ㉲   11 ㉰

제7과

1
01 ㉮, ㉯, ㉰, ㉲, ㉱, ㉳, ㉴, ㉵   02 ㉰   03 ㉮   04 ㉰, ㉱   05 ㉲

2
01 ㉰, ㉭, ㉳, ㉴   02 ㉮   03 ㉮   04 ㉰   05 ㉮   06 ㉯   07 ㉮, ㉯, ㉰, ㉲, ㉱

3
01 ㉲   02 ㉲, ㉭   03 ㉮, ㉰, ㉭, ㉱, ㉳, ㉴   04 ㉲

4
01 ㉮, ㉯, ㉲, ㉭, ㉳, ㉴

제8과

1
01 ㉰   02 ㉯   03 ㉲   04 ㉮   05 ㉰   06 ㉰
07 ㉲   08 ㉯   09 ㉯   10 ㉯   11 ㉲   12 ㉲

2
01 ㉲   02 ㉴   03 ㉯   04 ㉭   05 ㉳   06 ㉮   07 ㉰
08 ㉱   09 ㉵   10 ㉴   11 ㉯   12 ㉲   13 ㉳   14 ㉱   15 ㉰

제9과

1
01 ㉰   02 ㉰   03 ㉲   04 ㉮

2 01 ㉮   02 ㉮, ㉯, ㉰, ㉱   03 모두 정답   04 ㉱   05 ㉰   06 모두 정답

3 01 ㉯   02 모두 정답   03 ㉱   04 ㉯, ㉰, ㉲   05 ㉮
06 ㉱   07 ㉯   08 ㉯   09 ㉱   10 ㉯

4 01 ㉮   02 ㉱   03 ㉯   04 ㉰   05 ㉰   06 ㉯

제10과

1 01 ㉯   02 ㉮   03 ㉱   04 ㉮

2 01 ㉱   02 ㉮, ㉯, ㉰, ㉱, ㉴, ㉵   03 ㉯   04 ㉯

3 01 ㉱   02 ㉮   03 ㉯

4 01 ㉯   02 ㉱   03 ㉮   04 ㉯, ㉱, ㉳   05 ㉰

제11과

1 01 ㉯   02 ㉮   03 ㉯, ㉱, ㉲, ㉳   04 ㉮, ㉰, ㉳

2 01 ㉯   02 ㉱   03 ㉮   04 ㉱   05 모두 정답

3 01 ㉱   02 ㉯   03 ㉮   04 ㉯   05 ㉰   06 ㉮   07 ㉱

4 01 ㉰   02 ㉮   03 ㉱   04 모두 정답   05 ㉮   06 ㉰

제12과

1 01 ㉣ 02 ㉤ 03 ㉯ 04 ㉮ 05 ㉣

2 01 ㉮, ㉤, ㉣, ㉢ 02 ㉮, ㉤, ㉢, ㉡

3 01 ㉤ 02 ㉣ 03 ㉤ 04 ㉮

4 01 모두 정답 02 ㉮ 03 ㉤ 04 ㉯ 05 ㉣

제13과

1 01 ㉯ 02 ㉮, ㉤, ㉣, ㉢, ㉡ 03 ㉢

2 01 ㉤ 02 ㉤ 03 ㉣ 04 ㉯ 05 ㉤ 06 모두 정답

3 01 ㉯ 02 ㉣ 03 ㉮ 04 ㉯ 05 ㉮, ㉯, ㉤, ㉣, ㉢, ㉡, ㉦

4 01 모두 정답 02 ㉤ 03 ㉮ 04 ㉣

제14과

1 01 ㉤ 02 ㉯ 03 ㉣ 04 ㉯ 05 ㉣

2 01 ㉮ 02 ㉣ 03 ㉮, ㉯, ㉤, ㉣, ㉢ 04 ㉯ 05 ㉣

3 01 ㉮, ㉯, ㉢, ㉧, ㉦ 02 ㉮, ㉤, ㉣, ㉧ 03 ㉣
04 ㉮, ㉯, ㉤, ㉣, ㉡ 05 ㉮, ㉤, ㉢, ㉡ 06 ㉤ 07 모두 정답

제15과

1 01 ⓓ　02 ⓓ　03 ⓐ　04 ⓑ　05 ⓒ

2 01 ⓐ　02 ⓑ, ⓒ, ⓔ　03 ⓑ　04 ⓓ　05 ⓓ

3 01 ⓒ　02 ⓑ　03 ⓓ　04 ⓐ　05 ⓒ

4 01 ⓑ　02 ⓒ　03 ⓓ　04 ⓑ　05 ⓒ

5 01 ⓒ　02 ⓑ　03 ⓑ　04 ⓐ

제16과

1 01 ⓓ　02 ⓒ　03 ⓐ　04 ⓒ

2 01 ⓒ　02 ⓐ　03 ⓐ

3 01 ⓐ　02 ⓒ　03 ⓐ, ⓑ, ⓓ

지은이

리앙즈웬(梁志援)

저자는 홍콩 이공대학과 마카오 동아대학(마카오대학)에서 경영관리 학사학위, 마케팅 학사학위와 석사학위를 받았으며, 아동 사고(思考) 훈련 및 컴퓨터 교육 분야에서 많은 현장 경험을 가지고 있다. 현재 홍콩 컴퓨터학회, 영국 특허마케팅학회, 홍콩 컴퓨터교육학회와 홍콩 인터넷교육학회 회원으로 활동하고 있다. 또한 컴퓨터 과학기술, 심리학, 신경언어학(NLP)을 통해 아동과 청소년 양성에 주력해왔다. 그는 또한 사고방법, 교수법, 잠재의식 운영, 심리학 등의 관련 학문을 공부했다.

홈페이지 www.youngthinker.net

옮긴이

권혜영

계명대학교에서 한국어문학과 중국어문학을 전공하였고 중국 흑룡강대학에서 중국어를 공부했다. 세광스텐, 세진금속을 거쳐 현재 (주)YK trade에서 중국어 통역 업무를 맡고 있다

한언의 사명선언문

Since 3rd day of January, 1998

Our Mission ─· 우리는 새로운 지식을 창출, 전파하여 전 인류가 이를 공유케 함으로써 인류문화의 발전과 행복에 이바지한다.

─· 우리는 끊임없이 학습하는 조직으로서 자신과 조직의 발전을 위해 쉼없이 노력하며, 궁극적으로는 세계적 컨텐츠 그룹을 지향한다.

─· 우리는 정신적, 물질적으로 최고 수준의 복지를 실현하기 위해 노력하며, 명실공히 초일류 사원들의 집합체로서 부끄럼없이 행동한다.

Our Vision 한언은 컨텐츠 기업의 선도적 성공모델이 된다.

저희 한언인들은 위와 같은 사명을 항상 가슴 속에 간직하고
좋은 책을 만들기 위해 최선을 다하고 있습니다.
독자 여러분의 아낌없는 충고와 격려를 부탁드립니다.
· 한언 가족 ·

HanEon´s Mission statement

Our Mission ─· We create and broadcast new knowledge for the advancement and happiness of the whole human race.

─· We do our best to improve ourselves and the organization, with the ultimate goal of striving to be the best content group in the world.

─· We try to realize the highest quality of welfare system in both mental and physical ways and we behave in a manner that reflects our mission as proud members of HanEon Community.

Our Vision HanEon will be the leading Success Model of the content group.